子ども図鑑

自然とくらしと遊びを楽しむ12カ月

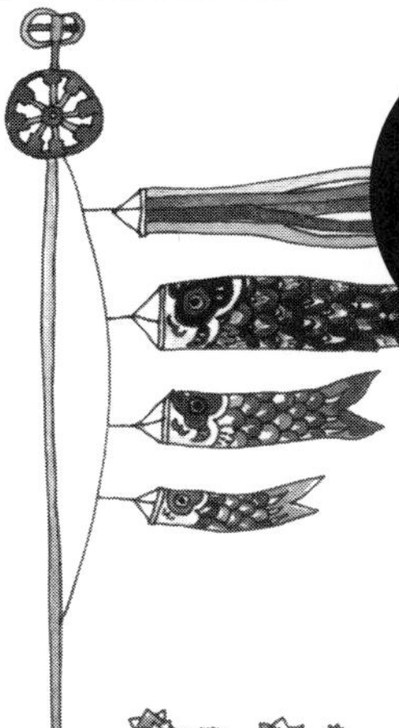

近藤 宏
（元岐阜県下小学校教諭、元愛知県立大学非常勤講師）

野原由利子
（名古屋芸術大学名誉教授）

笹瀬ひと美
（愛知江南短期大学こども健康学科保育専攻講師）

合同出版

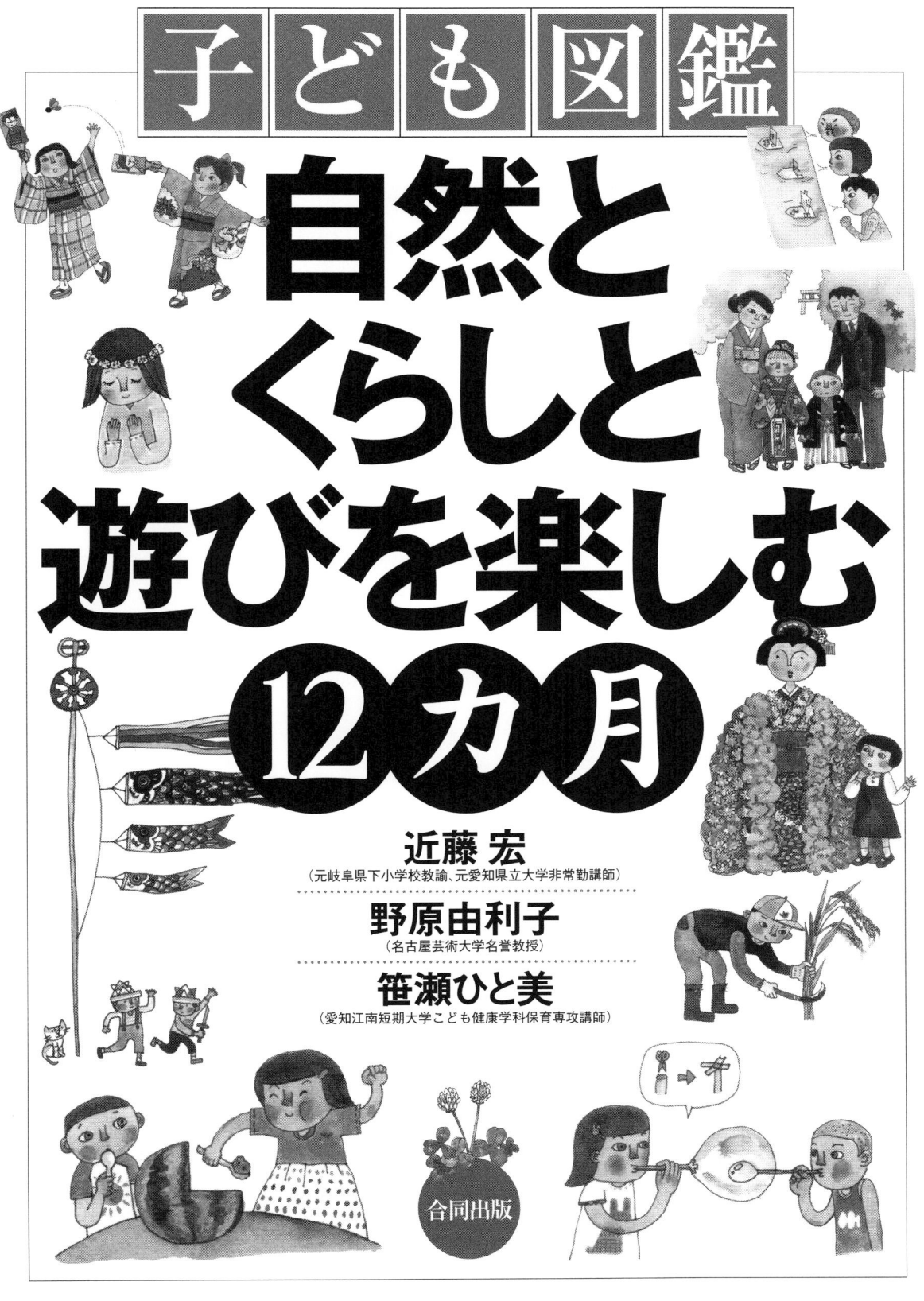

自然を舞台とする遊びは、子どものくらしの本業です。

人なることに欠かせません。

いまの子どもたちは、

遊びの舞台、自然を奪われて、失業状態です。

この本の訴えは、

そこにあると推察しています。

大田 堯

大田 堯（おおた・たかし）

1918年、広島県三原市本郷町出身。教育研究者。東京大学および都留文科大学名誉教授。日本子どもを守る会名誉会長。

講演、執筆活動など多忙ななか、故郷の広島県本郷町の「ほんごう子ども図書館」の設立・運営にも尽力している。また、1980年代より日本教育学会会長として、日中の教育交流に努め、退任後のいまも尽力し続けている。いのちとはなにか、教育とはなにかを根源的に探求、共生の思想の構築を訴えている。

著書に、『教育とはなにか』（岩波新書）、『生命のきずな』（偕成社）など。

はじめに

自然の力をかりて、感性豊かな子どもに育てる

ある春の日のことでした。私は幼稚園の年長児たちと一緒に田んぼのあぜ道を歩いていたところ、セリが生えていましたので、そのことを話題にしようと思い、そのうちの一葉を採って「これはセリというんだけど……」と話しかけてみました。するとＭ子が「セリはキクとよくにたにおいがするんだよねえ」といいました。私は予期していない反応に驚いて「Ｍちゃんよく知っているなあ。どこでそういうことを覚えたの？」と問い返してみました。すると「いえにある○○○○のほんにかいてあったの。ママといっしょによんだからしっているの」と答えました。私は「においまでを知識として知っているとは」と驚きました。それでキクの葉を探してきて両方をくちゃくちゃもんで「においくらべ」をさせたところ「あっ、ほんとうだ。よくにている！」と納得の表情をしたのでした。

これはほんの一例ですが、今の子どもたちは以上のように「言葉だけの知識はあるが、具体に裏付けられた言葉を持った子どもは少ないのではなかろうか」と思うのです。そして自然に触れることが少なくなったため、人間が逞《たくま》しく生きていくのに必要な瑞々《みずみず》しい感性を獲得できないまま貧しく過ごしているとも思うのです。

私たちの住んでいる地球は、いわゆるハビタブル・ゾーン（住むのに適した地帯）にある、太陽から遠くも近くもなく、太陽から程よい熱を受け、程よい濃さの大気があり、たくさんの水を持った現在のところ生命が確認されている唯一の天体です。

私たちは、この貴重な地球環境が危機に向かっている今、子どもたちに四季の中で変化する自然の様子に目を向けさせ、「美しいもの、未知なるもの、神秘的なものに目を見張る感性（センス・オブ・ワンダー）」（レイチェル・カーソン）を育むことが大切と考え、保育・教育の場、家庭でそのきっかけを見つけてもらえるような資料づくりを手がけてみたのです。

その柱は次のようにしました。

①二十四節気を縦軸に位置づける。

②四季は気候上の季節で区切る。

③節気の各時点での自然や社会や人々の様子についての拡がりを横軸に位置づける。

そしてこの書に記されている諸行事以外に、各地域独特の様々なとり組みに着目し、適切に活かしていただきたいと思います。

宮沢賢治が「体に刻んでいく勉強が間もなくぐんぐん芽をふいてくる」といっていますが、この本がそんな子育ての一助になればと願っています。もとより完璧なものではありませんが、一つの手がかりとして活用していただければ幸いです。

編著者の一人として　**近藤　宏**

もくじ

資料

暦と季節

日本人は暦や季節を大切にして、くらしや行事を考えてきました。日本人は以前旧暦（太陰太陽暦）を用いて生活していましたが、今の私たちは新暦（太陽暦）を用いて生活をしています。

日本では1872（明治5）年の旧暦の12月3日を1873（明治6）年の新暦1月1日として、旧暦から新暦へと暦をかえました。

●太陰暦とは

最初に生まれてきた暦は、「太陰暦」だと考えられています。太陰暦では、月が地球のまわりを1周する時間を1カ月としています。つまり新月から次の新月の前日までが1カ月となります。

しかし月は大体29日半で地球を1周するため、1カ月を29日か30日として、1年を12カ月に分けていました。ところが太陽暦と比べると、1年が11日ずつ短くなるために、毎年少しずつ暦の日付と季節とがずれてしまったのです。それでこうしたずれを放っておくと、「夏に正月がくる」ということだって起きてしまうようになるのです。

●旧暦（太陰太陽暦）とは

そこで暦の日付と季節とを合わせようとして考え出されたのが「太陰太陽暦」で、今でいう旧暦だったのです。日本では7世紀頃から採用され、1872年まで使われてきたのです。

何年かに一度「閏《うる》う月」をもうけて旧暦ではその年を13カ月としました。

それで「19年に7回閏う月を入れる」ことで、暦の日付と季節のずれがなくなるように調整してきたのです。

●新暦（太陽暦）とは

日本では1873年から、現在使われている新暦が採用されました。

新暦は「グレゴリオ暦」とも「太陽暦」とも呼ばれ、世界共通の暦で、地球が太陽の周りを1周する時間を1年としているため、暦の日付と季節とがずれることはほとんどありません。

地球が自転しながら太陽の周りを1公転（天体が他の天体のまわりを回転すること）する期間が1年です。それにしたがって、1年を365日と割り切っていますが、実際は、365.24295日なのです。0.24295日（5時間48分46秒）というのは4年間で約1日となります。そのため､4年に一度366日の年（閏年）を設けることにしたのです。

旧暦と新暦には、およそ1カ月のちがいがあったので、行事の日付や時期を見直すことになりました。

新暦の日付に変わった行事には、正月、節分、ひな祭り、端午の節句、七夕、七五三などがあります。月遅れになった行事にはお盆があり、お盆休みを8月に取るなど、1カ月遅らせて行うところがほとんどです。都市部では新暦の日付で行うところもあります。旧暦のまま行う行事には十五夜があります。中秋の名月を見る行事なので、旧暦で行うところがほとんどで、新暦では毎年日付がかわります。

●二十四節気、七十二候とは

太陰暦を使っていた頃、年によっては暦の日付と季節とが大きくずれてしまいました。このずれを直すために中国で考えられたものです。太陽の動きによって1年を24等分し、それぞれの間に見られる天候や生き物の様子などで季節の変化をあらわしたものです。

季節の移り変わりをよく知るために、二十四節気のそれぞれの期間を3等分してあらわした七十二候もつくられました（次ページの表参照）。

日本では、1年の季節の移り変わりをより的確につかむために二十四節気に加えて雑節が設けられていますが、農作業に照らし合わせてつくられているため、暮らしや行事にとけ込んでいます。

ある年の二十四節気《にじゅうしせっき》と七十二候《しちじゅうにこう》

3/21	雀始めて巣くう	すずめが巣を作り始める
3/26	桜始めて開く	桜の花が咲き始める
3/31	雷声を出す	雷が鳴り始める

4/5	燕来る	つばめが南から渡ってくる
4/10	雁水へ帰る	かりが北へ渡っていく
4/15	虹始めて見る	虹が見え始める

4/20	葦始めて生づ	あしが生え始める
4/25	霜止み苗出づ	霜が止んで苗代で稲の苗が成長する
4/30	牡丹花咲く	ぼたんの花が咲くようになる

5/5	蛙始めて鳴く	かえるが鳴き始める
5/10	みみず出づる	みみずが姿を見せ始める
5/16	筍生づ	たけのこが出始める

5/21	蚕起きて桑を食う	かいこが桑の葉を食べるようになる
5/26	紅花栄う	べにばなの花が咲き乱れる
5/31	麦秋至る	麦が熟して畑が黄金色になる

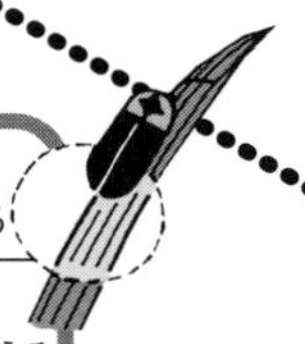

6/5	蟷螂生づ	かまきりが姿を見せる
6/11	腐草蛍となる	腐った草がほたるに姿を変える
6/16	梅の実黄ばむ	梅の実が黄色く色づいてくる

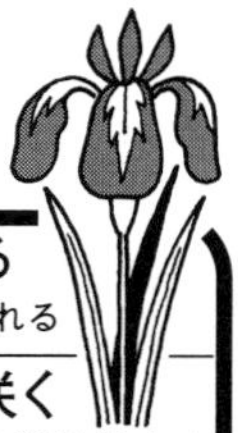

6/21	乃東枯る	夏枯草が枯れる
6/27	菖蒲花咲く	あやめの花が咲き始める
7/2	半夏生づ	からすびしゃくが生える

7/7	温風至る	暑い風が吹くようになる
7/12	蓮始めて開く	はすの花が咲き始める
7/18	鷹技を習う	鷹の子が巣立ちのため飛ぶ練習をする

7/23	桐始めて花を結ぶ	桐の花が実を結ぶ
7/28	土湿って蒸し暑し	大地がじっとりと熱を持ち蒸し暑くなる
8/2	大雨時々降る	時々大雨が降る

8/7	涼風至る	涼しい風が吹き始める
8/13	蜩鳴く	ひぐらしが鳴く
8/18	濃霧昇降す	濃い霧が立ちこめる

8/23	綿の花しべ開く	綿を包むがくが開き始める
8/28	天地始めて寒し	天地がようやく暑さも鎮まる
9/2	米実る	稲が実る

9/7	草露白し	草の葉に白い露が宿る
9/13	鶺鴒鳴く	せきれいが鳴くようになる
9/18	燕去る	つばめが南へ去っていく

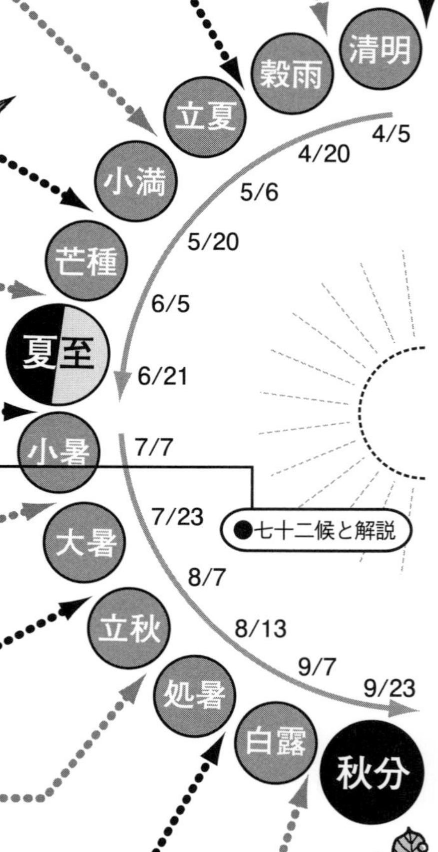

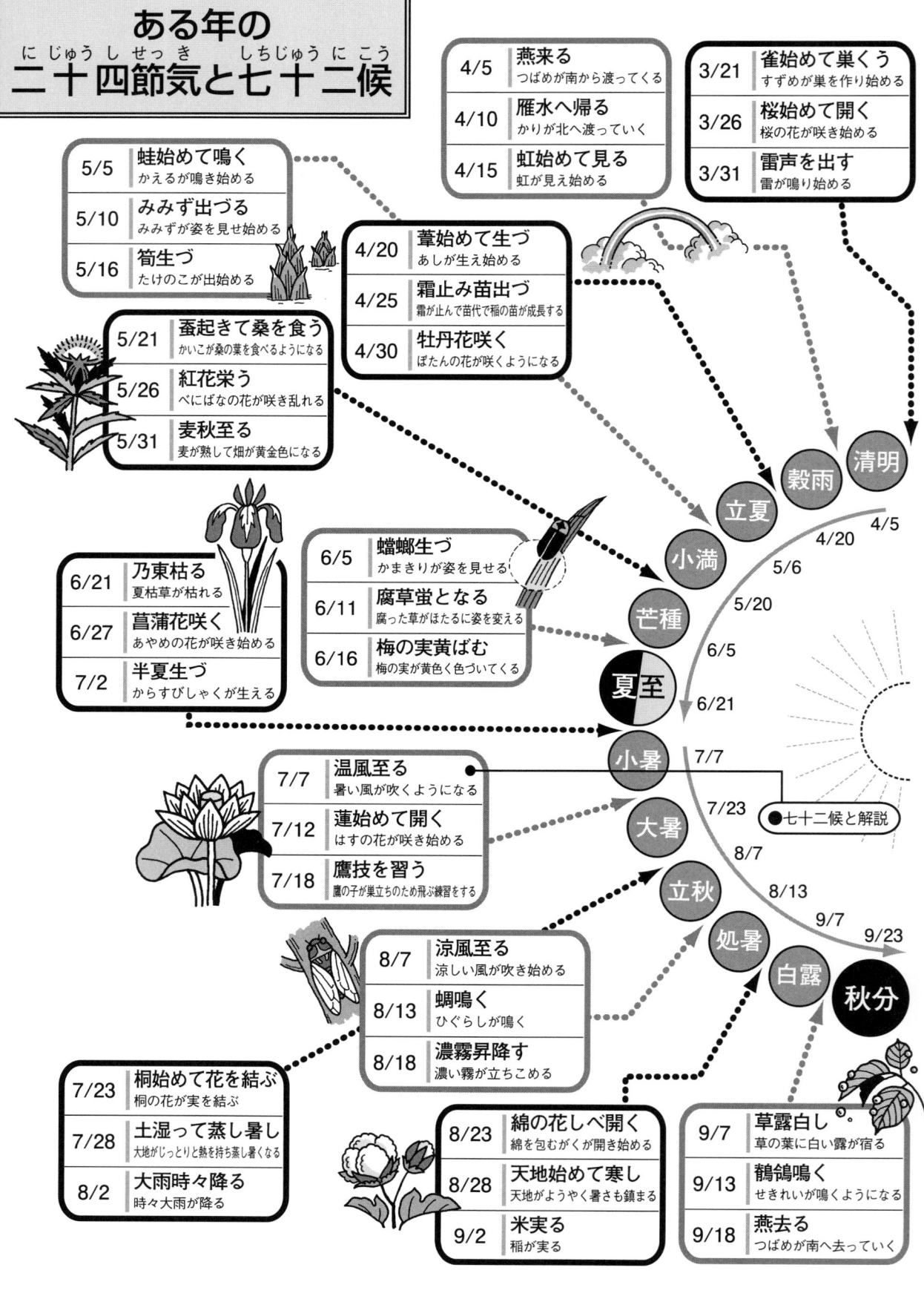

3/6	巣籠りの虫戸を開く	冬眠していた虫が動き始める
3/11	桃始めて咲く	桃の花が咲き始める
3/16	菜虫蝶と化す	菜の虫が羽化して蝶となる

2/19	土が潤い起こる	土が湿り気を帯びてくる
2/23	霞始めてたなびく	春霞が棚引き始める
3/1	草木萌え動く	草や木が芽生え始める

1/20	蕗のとう花咲く	雪の下からふきの花が咲く
1/25	水沢あつく堅し	沢を流れている水も寒さに凍る
1/30	鶏とやにつく	にわとりが卵をかえすために抱く

2/4	東風凍を解く	暖かい春風が吹いて氷を解かす
2/9	うぐいす鳴く	うぐいすが鳴き始める
2/14	魚氷に上がる	魚が解けた氷の間から姿を現す

1/5	芹栄う	せりが青々と生えている
1/10	泉水温をふくむ	泉の水に暖かさが残っている
1/15	雉始めて鳴く	きじがめすのきじを求めて鳴く

12/22	冬生じ夏枯る	夏枯草が生えてくる
12/27	鹿角おつる	さわしかの角が落ちる
12/31	雪下りて麦のびる	一面に積もった雪の下で麦の芽が出始める

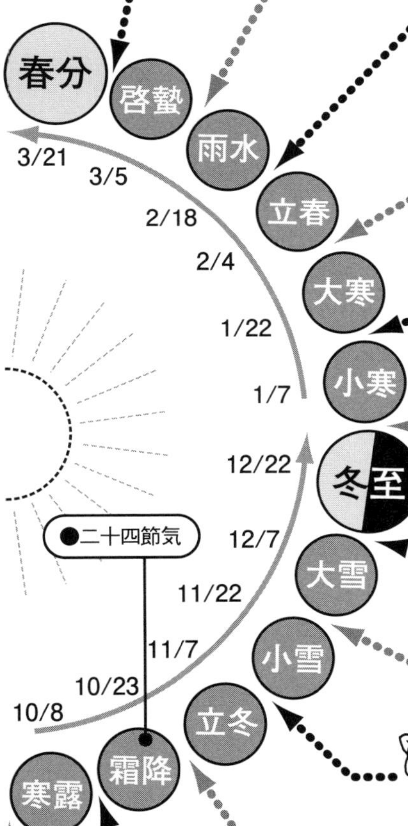

12/7	空寒く冬となる	天地の気がふさがって冬となる
12/12	熊穴にこもる	熊が穴に入って冬眠する
12/17	鮭魚群がる	鮭が群れをなして川を上っていく

11/22	虹隠れて見えず	虹が見えなくなる
11/27	北風木の葉を払う	北風が木の葉を払うようになる
12/2	橘始めて黄ばむ	橘の葉が黄葉し始める

11/7	椿開き始む	さざんかの花が咲き始める
11/12	地始めて凍る	大地が冷えて凍り始める
11/17	金盞花香し	すいせんの花が咲き始める

10/23	霜始めて降る	霜が降り始める
10/28	小雨時々降る	時雨が降るようになる
11/2	紅葉蔦黄ばむ	紅葉やつたの葉が色づいてくる

10/8	雁来る	かりが飛来し始める
10/13	菊花開く	きくの花が咲き始める
10/18	蟋蟀戸にあり	きりぎりすが家の中で鳴く

9/23	雷声を収む	雷が鳴らなくなる
9/28	蟄虫戸を閉ざす	虫が地中に巣ごもりする
10/3	水始めて涸る	田の水を落として稲刈りの準備をする

＊日付表示は新暦に換算されています。
＊日付は年度によって異なります。

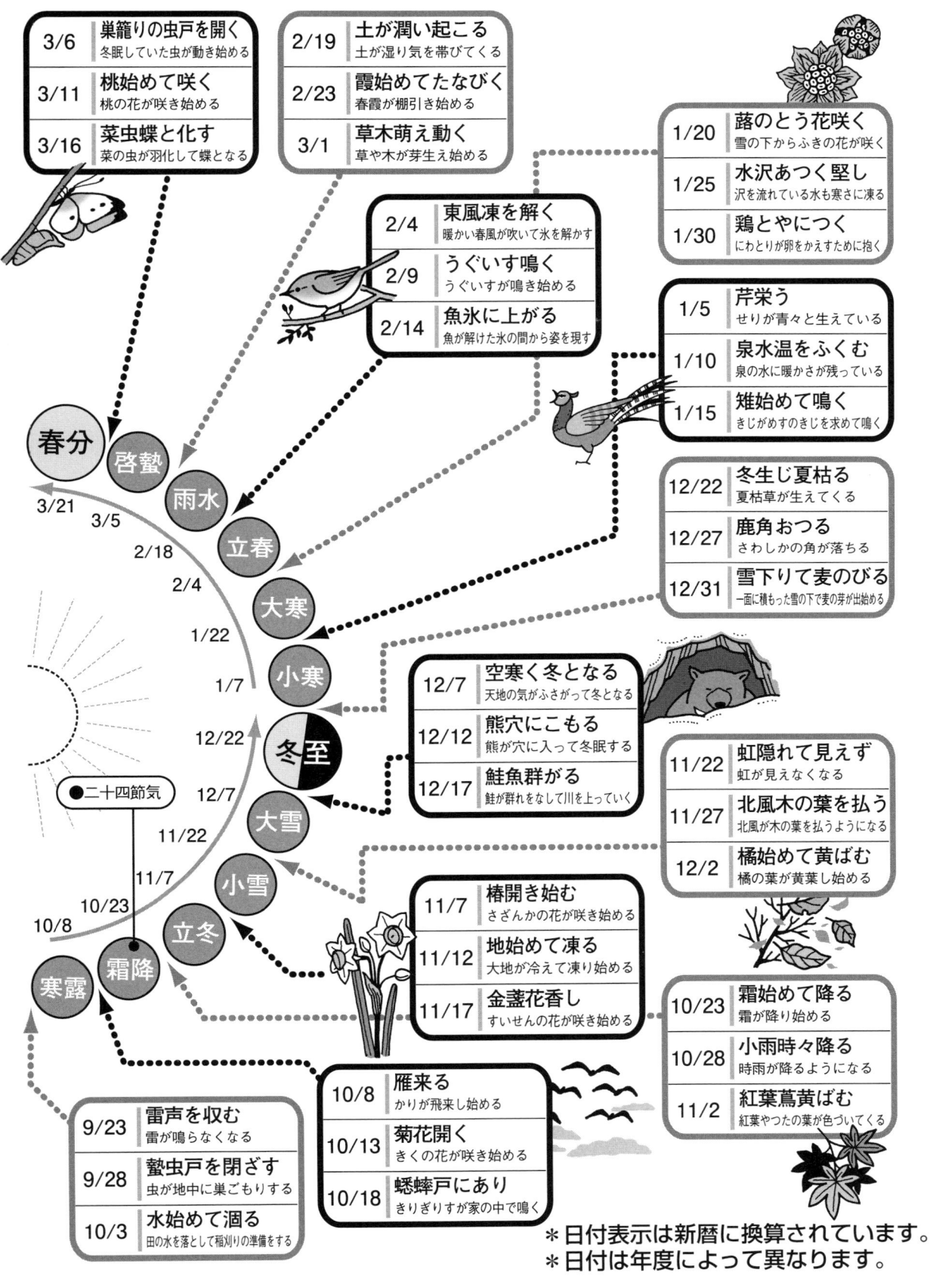

春のうた

けしきのうた

朧《おぼろ》月《づき》夜《よ》

高野辰之作詞、岡野貞一作曲

菜の花畠《ばたけ》に、入日薄れ、
見渡す山の端《は》　霞深し。
春風そよ吹く、空を見れば、
夕月かかりて、匂い淡し。

里わの火《ほ》影《かげ》も、森の色も、
田中の小路を　辿《たど》る人も。
蛙《かわず》の鳴く音《ね》も、鐘の音も、
さながら霞める　おぼろ月夜。

草花のうた

おはながわらった

保富庚午作詞、湯山昭作曲

おはなが　わらった
おはなが　わらった
おはなが　わらった
おはなが　わらった
みんな　わらった
いちどに　わらった

おはなが　わらった
おはなが　わらった
おはなが　わらった
おはなが　わらった
みんな　わらった
げんきに　わらった

いきもののうた

めだかのがっこう

茶木滋作詞、中田喜直作曲

めだかの　がっこうは　かわの　なか
そっと　のぞいて　みて　ごらん
そっと　のぞいて　みて　ごらん
みんなで　おゆうぎして　いるよ

めだかの　がっこうの　めだかたち
だれが　せいとか　せんせいか
だれが　せいとか　せんせいか
みんなで　げんきに　あそんでる

めだかの　がっこうは　うれしそう
みずに　ながれて　つーいつい
みずに　ながれて　つーいつい
みんなが　そろって　つーいつい

行事のうた

こいのぼり

近藤宮子作詞、作曲者不明

やねより　たかい
こいのぼり
おおきい　まごいは
おとうさん
ちいさい　ひごいは
こどもたち
おもしろそうに
およいでる

（くりかえし）

3月

弥生（やよい）

解説

陰暦3月の異称
「弥生」は、さらに草木が生い茂るという意味の「いやおい」の月という意味です。

各国の読み方

英語：March（マーチ）
中国語：三月（サンユエ）
韓国語：삼월（サモル）
フランス語：mars（マルス）
ポルトガル語：marco（マールソ）

1日		
2日		
3日	ひな祭り・桃の節句	平安時代、貴族の女の子の間で流行っていた人形遊びのことをひいな遊びと呼んでいました。また一方で、3日の桃の節句には、紙や草木で人形《ひとかた》をつくり、身のけがれをそれに負わせて海や川へ流す習慣がありました。ひな祭りは、ひいな遊びと桃の節句が結びついたものと考えられています。江戸時代中期からは、ひな人形を飾って祝う女の子の祭りとして、貴族、武家、裕福な商人に広がっていきました。
4日		
5日	啓蟄《けいちつ》	【5日頃】太陽黄経が345度の時で、「冬眠をしていた虫たちが穴から外に出てくる」という意味です。まだまだ寒い時期で、虫の活動も活発ではありませんが、柳の若芽が芽吹き始める頃でもあります。
6日		
7日		
8日	国際女性デー	1904年のこの日、ニューヨークの婦人労働者が、参政権を要求して集会を開いたのを記念し、1910年コペンハーゲンで、正式に「国際婦人デー」として定められました。今日では「国際女性デー」とよばれることが多くなりました。
9日		
10日		
11日		
12日	奈良東大寺お水取り	奈良に春を呼ぶ行事です。長かった冬が終わり、この頃から春が訪れると昔から言われており、奈良・東大寺二月堂では、12日深夜（13日午前1時半頃）にお水取りの行事が行われます。この行事は、奈良時代から続けられていると言われています。
13日		
14日		
15日		

ひな人形七段飾り

宮中の結婚式の様子をかたどっています。

内《だい》裏《り》びな　天皇をかたどった男びなが向かって左、皇后をかたどった女びなが右。２体の間には三方という台が置かれ、その上に桃の花を浸したお酒が置かれる。両側にはぼんぼりが置かれる。

三人官女《かんじょ》　宮中に仕える召使いの女性。中央の官女は座り姿でさかずきを、左右は立ち姿で酒をそそぐための道具を手にしている。それぞれの人形の間には紅白の丸い餅。

五人囃《ばや》子《し》　５人の音楽を奏でる男性。向かって左から、太鼓・大皮鼓・小鼓・横笛・謡（唄をうたう）の役。

随《ずい》身《じん》　向かって左が右大臣で若者の姿。右が左大臣で右大臣より位が上で老人の姿。２体の間にはご膳とひし餅が置かれる。

三《さん》仕《し》丁《ちょう》　宮中のさまざまなことをする家来。向かって左から、頭にかぶる台笠、履物を置く沓台、日よけの立傘を持つ。怒り顔、泣き顔、笑い顔をしている。人形の左側に「右近の橘」、右側に「左近の桜」を置く。

道具　箪笥《たんす》、長持《ながもち》、鏡台、裁《さい》縫《ほう》箱)、衣装袋、火鉢、洗い桶《おけ》、茶道具などの嫁入道具。他に、駕《か》籠《ご》や牛車《ぎっしゃ》などの乗り物や重箱。

ひな祭りの花　桃

季節の花であること、子孫繁栄や長寿の薬として悪い気を払う力があるとされていたため。

16日		
17日		
18日	彼岸の入り	【18日頃】この日から春の彼岸の仏事が行われます。彼岸の日程は春分の日によって毎年異なります。
19日	社日《しゃにち》	【19日頃】種を土にまく目安の日とされています。
20日	動物愛護デー	この日は、上野動物園の開園記念日でもあり、動物愛護デーとなりました。
	卒園式、卒業式	この頃、保育園や幼稚園では卒園式、小学校などでは卒業式が多く行われます。
21日	春分の日	【21日頃】太陽黄経が0度の時で、昼と夜の長さがほぼ同じになります。北半球では、この日から昼が、次第に長くなり、暖かくなっていきます。 この日は、国民の祝日で、自然をたたえ生物を慈しむ日とされています。春の彼岸の中日でもあり、この日を真ん中にした7日間を「春の彼岸」といいます。また、「暑さ寒さも彼岸まで」と言って、秋の彼岸（9月20日頃）とともに、その頃を境にして、それまでの暑さや寒さが和らぐという意味で使われています。
22日		
23日		
24日	彼岸明け	【24日頃】彼岸の最終日です。
25日		
26日		
27日		
28日		
29日		
30日		
31日	年度末	

COLUMN 日本に春夏秋冬の四季がめぐってくるのはなぜでしょう

地球が1年かけて太陽の周りを1周する間に、北半球と南半球の国ぐにで季節が移り変わるのは、地球の地軸が傾いているためです。地球が北半球を太陽に向けている季節が日本にとっては春から夏、逆に南半球を太陽に向けている季節は秋から冬です。春分、秋分の日はちょうどその中間、太陽が赤道の真上を通る日となっています。

彼岸の由来

仏教の考え方で「彼岸」と、「此岸《しがん》」は「三途《さんず》の川」で隔てられているとされています。善人は橋を渡る、罪の軽い悪人は浅瀬を渡る、罪の重い悪人は深瀬を渡るという３つの途《みち》があるので三途の川といわれています。

春の彼岸は春分の日を中日とした７日間で、中日には太陽が極楽浄土があるとされている真西に沈むため、このように呼ばれています。また昼夜の時間がちょうど同じとされるため、中道を尊ぶ仏教の考え方に合うこともあり、この期間に祖先の霊の供養《くよう》や仏事が行われます。

彼岸には、殺生禁断の考えから、仏前に精進《しょうじん》料理を供えます。出汁《だし》もしいたけなどを使います。

お墓参り

仏教の場合、故人の年忌、春と秋の彼岸、お盆、正月などに墓参りをします。家族から故人への嬉しいことの報告など、故人や先祖に感謝するために墓参りをすることもあります。

お墓参りでは、墓周りの掃除、墓磨きを行い、花や供え物を供え、線香をあげ、合掌して拝みます。

イースター（復活祭）の由来

イエス・キリストが十字架に磔《はりつけ》になった後３日目に復活したとされることを祝う復活祭で、春分の日の後、最初の満月の夜以降の日曜日に行われます。寒い冬に別れを告げ春の訪れを祝う、季節の再生を祝福する祭りでもあります。

教会でお祈りをした後は、家族や友人とパーティーをして過ごします。命を生み出すたまごと多産のうさぎがシンボルで、イースターバニーが隠したイースターエッグを庭や家の中から競って探すゲームをしたりします。

1 自然とくらしを知ろう

季節の花	ツクシ／スギナ／スミレ／ナノハナ／ネコヤナギ／アセビ／モモ ハクモクレン／コブシ／ユキヤナギ
収穫	ワラビ／ゼンマイ／タラノメ／ヨモギ

春を見つけよう

ツクシとスギナの茎は、土の中でつながっています。ツクシが枯れるとスギナが大きくなります。

正岡子規の俳句に、「砂原や　ほうしこ（ツクシの方言）を抜けば　とな（スギナの方言）ながら」があります。

タンポポは小さい花がたくさんあつまってできています。花が終わると種ができます。種は風にのって遠くへ運ばれます。

ウグイスの鳴き声を聞こう

ふだん姿を見せず、ササ薮《やぶ》の中で「チャッチャッ」と鳴いていますが、春になるとオスが「ホーホケキョ」と鳴きます。夏は山地の森林、冬は市街地でも見られます。

ウグイス

メジロを観察しよう

山地や平地の森林、市街地の公園で見られます。

メジロ

ヒヨドリを観察しよう

森林、市街地の公園、街路樹などで見られます。

ヒヨドリ

カエルの卵を見つけよう

春から初夏にかけて、水辺や田んぼで産卵します。ヒキガエルやアマガエルの卵塊《らんかい》はひも状で長く、さわってみると弾力があり、ヌルヌルしています。卵がかえると、黒色で小さい幼生、オタマジャクシが生まれます。写真左はヒキガエルの卵です。ヒキガエルは「ガマ」ともいいます。ヒキガエルは、繁殖期以外は水に入りません。

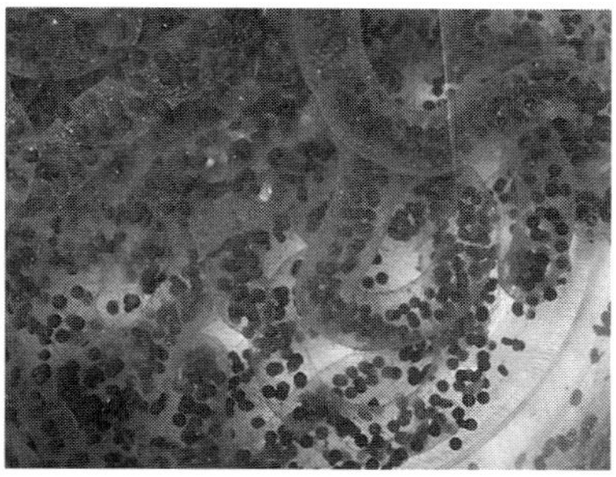

ヒキガエルの卵

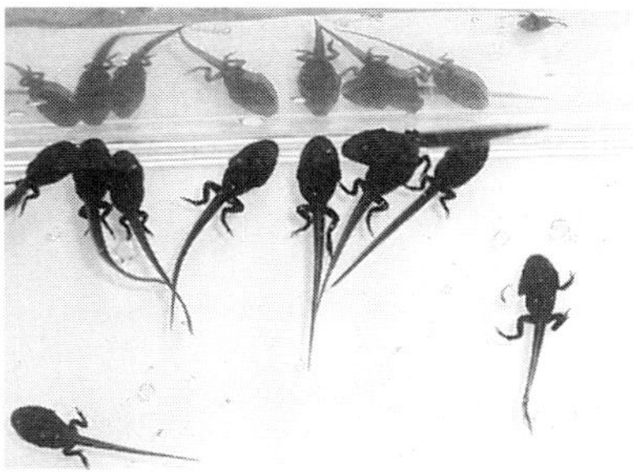

オタマジャクシ

卒園式・卒業式のようすを知ろう

人生で何回かの成長の節目の行事を大切にし、楽しみましょう。

2 自然に親しんで遊ぼう

草花で遊ぼう

ナズナを鳴らして すずのような音を聞いてみよう

シロツメクサのかんむりを つくってみよう

笹の葉でかたつむりを つくってみよう

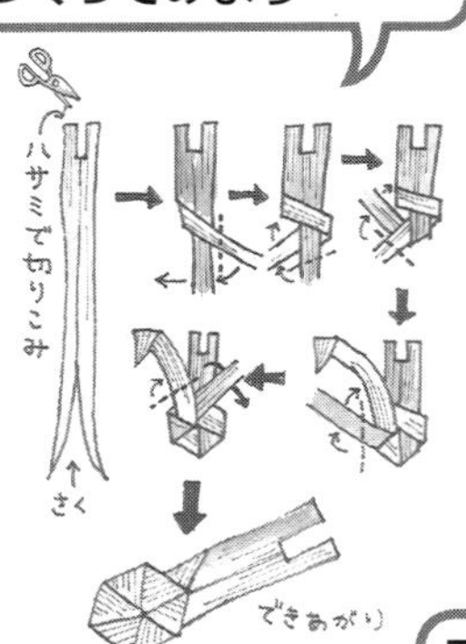

ギシギシの葉とタンポポで お人形をつくってみよう

スミレの茎ですもうをとろう

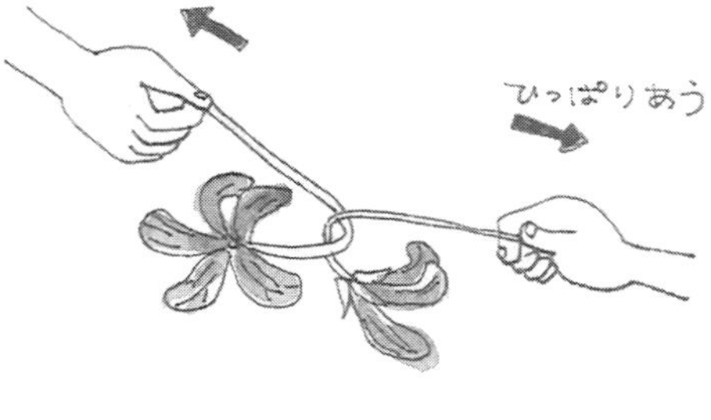

スズメノテッポウで笛を つくってみよう

ドングリから芽を出させよう

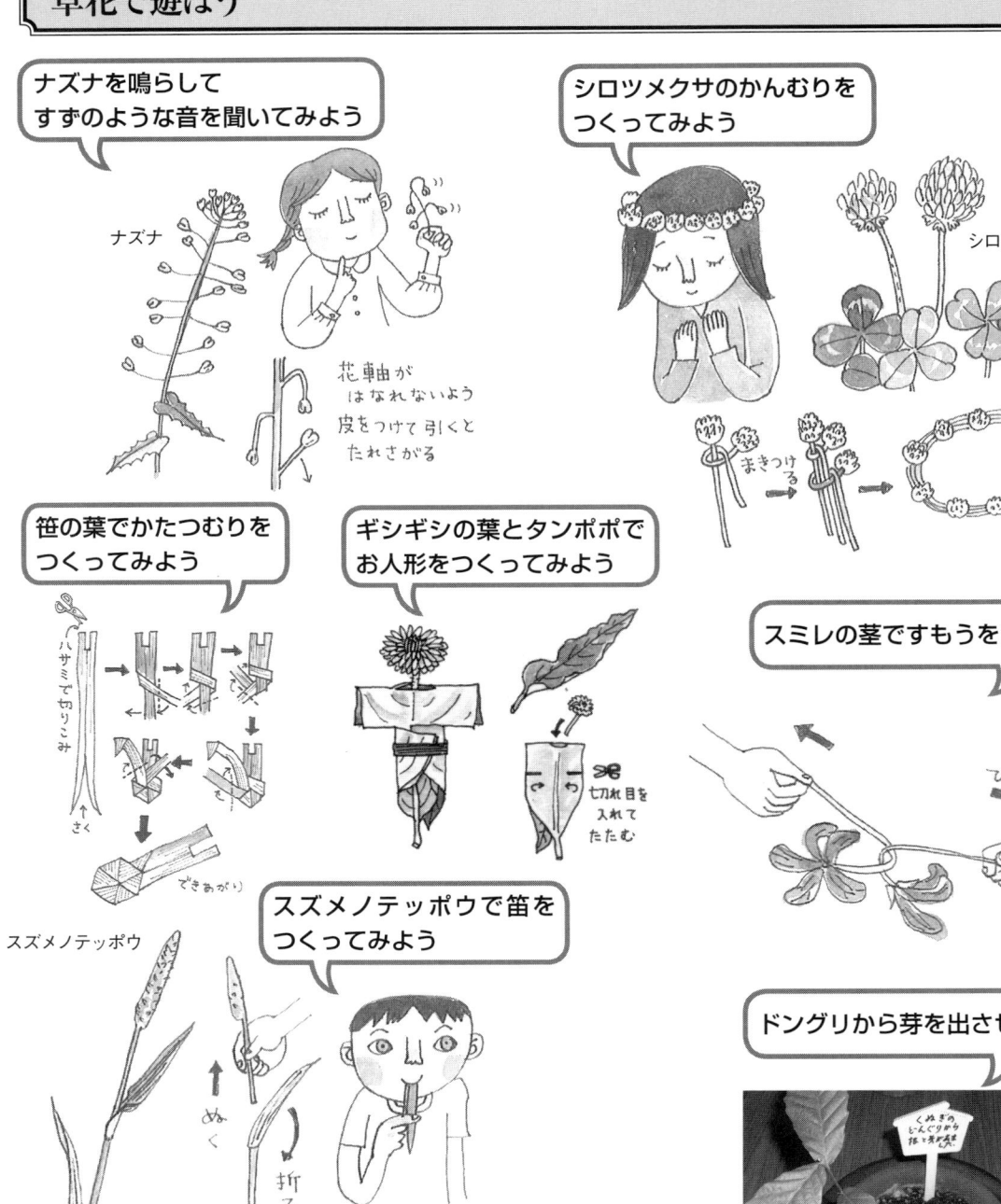

3 自然に働きかけてつくり出そう

よもぎ餅《もち》、よもぎだんごをつくろう

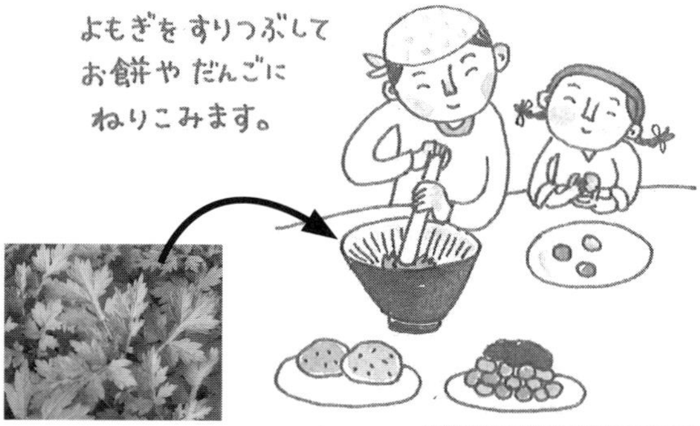
よもぎを すりつぶして
お餅や だんごに
ねりこみます。

ヨモギ

▶ 120 ページのレシピ参照

ひし餅をつくろう

下から、緑・白・紅色のおもちをつくり、ひし形に切って三段に重ねてひな壇に飾ります。それぞれの色には、草萌える大地・純白の雪・桃の花を表しています。

あられをつくろう

餅米を煎り、桃・緑・黄・白に色付けした砂糖をかけてつくります。４色は四季を表し、１年の健康への願いをこめます。

ひなまつりに飾ったひし餅を砕き、炒ったり、油であげてつくることもあります。

ちらしずしをつくろう

旬の海山の幸をちらします。

はまぐりのお吸い物をつくろう

はまぐりは２枚の貝がぴったり合わさることから、良い結婚相手に会えることを願って食べます。

ぼた餅をつくろう

春の彼岸はボタンの花が咲く頃なので、ぼた（ん）もちと言われ、秋の彼岸はハギの花が咲く頃なので、おはぎといわれています。

ぼたん
はぎ

▶ 120 ページのレシピ参照

4月

卯月（うづき）

解説

陰暦４月の異称
卯木《うつぎ》の花の咲く月という意味です。

各国の読み方

英語：April（エープリル）
中国語：四月（スーユエ）
韓国語：사월（サウォル）
フランス語：avril（アヴリル）
ポルトガル語：abril（アブリウ）

1日	年度初め	
	エイプリルフール	毎年、この日は嘘をついてもよいという風習。ただし、人をからかうような害のない嘘に限られます。
2日		
3日		
4日		
5日	清明《せいめい》	【5日頃】太陽黄経が15度の時で、「草花が咲き始め、清らかで明るさに満ち溢れた気持ちの良い頃」という意味です。
6日		
7日	桜の花見	桜の開花する時期は、その年の気候に大きく影響されます。そのため、昔から農作業をする人々にとって桜の開花は大きな関心事でした。花見は、花の美しさを楽しむだけではなく、作物（米）の豊作を占ったり、桜の木に降りてくる田んぼの神様にお酒や食べ物を捧げて、作物が豊かに実るように祈る行事でもあったのです。
	入園式・入学式	この頃、全国の幼稚園、保育園、小学校などで入園式、入学式が行われます。
8日	花まつり	釈迦《しゃか》の誕生を祝う日です。灌仏会《かんぶつえ》とも言います。
9日		
10日		
11日		
12日		
13日		
14日		
15日		

春の星座を見よう

春の大三角形を見つけよう

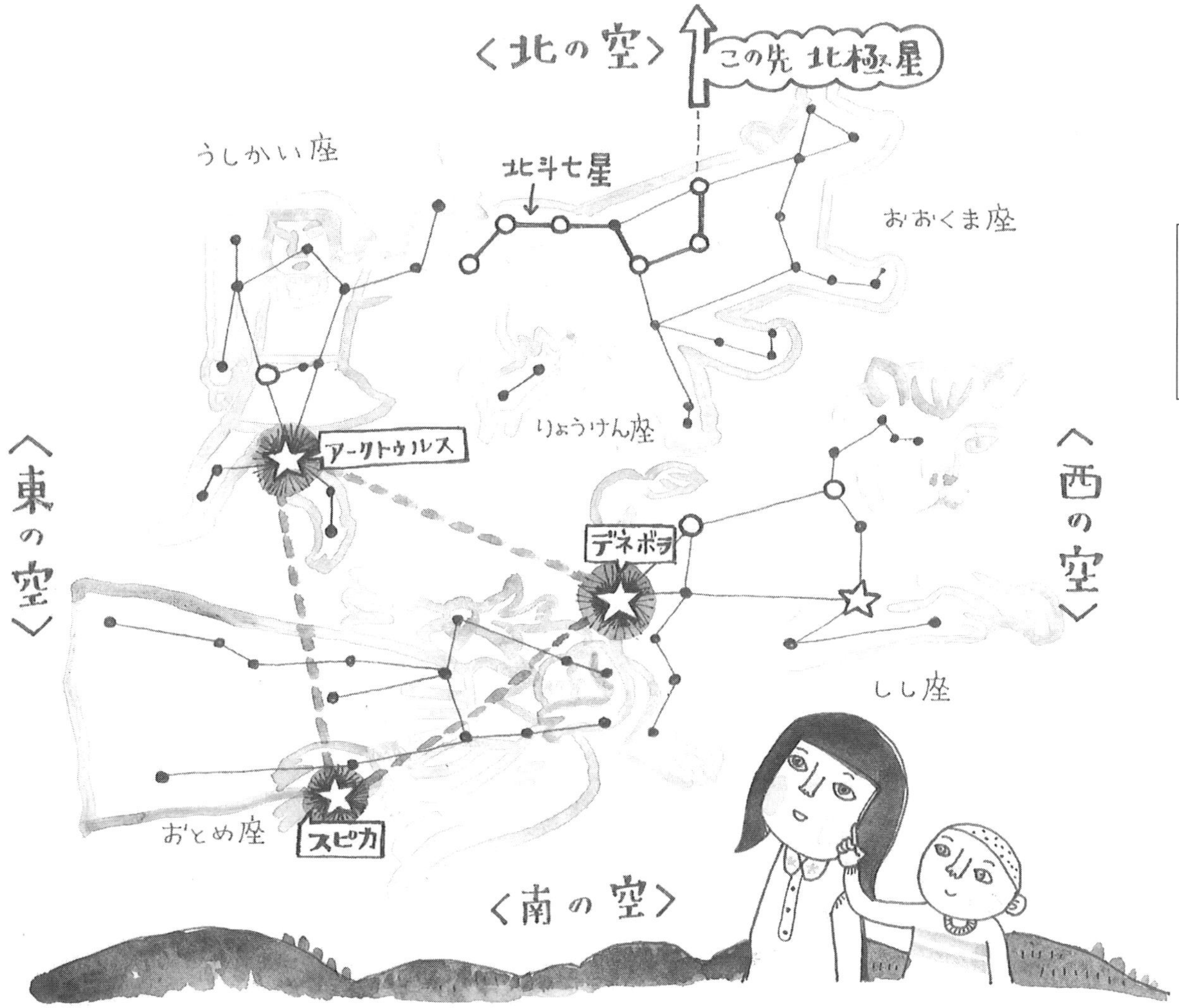
〈北の空〉
この先 北極星
うしかい座
北斗七星
おおくま座
りょうけん座
アークトゥルス
〈東の空〉
〈西の空〉
デネボラ
しし座
おとめ座
スピカ
〈南の空〉

花まつり

仏教の開祖であるお釈迦《しゃか》さまの誕生をお祝いする日です。草花で華やかに飾られた花御堂《はなみどう》に置かれたお釈迦様の像に甘茶をかけてお祝いする習慣があります。

甘茶は、ヤマアジサイの葉を蒸《む》して、発酵《はっこう》させ、乾燥《かんそう》させたものを煎《せん》じてお茶にします。

おしゃかさまに
『あま茶』を
かけます。

16日		
17日		
18日		
19日		
20日	穀雨《こくう》	【20日頃】太陽黄経が30度の時で、「春雨が多くの穀物（種子）に水を含ませ、芽を出させる頃」という意味です。出揃った野山の草木の新芽に柔らかな春の雨が降りそそいで、次第に成長していきます。
21日		
22日	国際母なる地球デー	2009年国際連合総会で採択。2010年から実施。
23日		
24日		
25日		
26日		
27日		
28日		
29日	昭和の日	昭和天皇の誕生日にあたります。2007年に「昭和の日」と改称され、昭和の時代を省みる日となりました。この頃からゴールデンウィークとして長期休暇を取る人もいます。
30日		

COLUMN 春の気候を知ろう

●東風《こち》

春に東から吹く風。桜の咲く頃には「さくら東風」と呼ばれます。

●春かすみ

空気中の細かい粒子が集まり、霧《きり》やもやが出て、もやもやとして遠くがはっきり見えなくなります。春に起こるこの現象を「かすみ」とよびます。

●春はやて、春一番

春になると暖かく強い南の風が吹くことが多くなります。その一番最初の風をこうよびます。

●雪崩《なだれ》

山に積もった雪が斜面を滑り落ちる現象をいいます。事故が発生することもあります。

●黄砂

中国大陸北西部で、黄色の砂塵《さじん》が天空を覆い、下降する現象で、3～5月には遠く日本まで及んできます。

●菜種梅雨《なたねつゆ》

菜の花が咲く頃に、雨がしとしと降り続く天気のこと。

桜の種類

ソメイヨシノ（染井吉野）
日本で一番多い品種。、花はうすいピンク色。江戸時代末期、江戸彼岸と大島桜を掛け合わせてつくられ、接木によって全国に広まった。

ヤマザクラ（山桜）
山でもよく見る品種。葉と花は同時に出る。花は白やうすいピンク色。

ヒガンザクラ（彼岸桜）
濃い紅色の花をつける。かんひざくらともいう。

シダレザクラ
エドヒガンの変種のひとつ。枝葉が細くて垂直に垂れ下がる。樹齢は長いが、自生はしない。

オオシマザクラ（大島桜）
白い花をつける。塩づけにした葉をさくら餅につかう。

桜前線

桜の花が咲き始める日が同じ地域を線で結んだものを「桜前線」といいます。一般的にソメイヨシノを観察します。

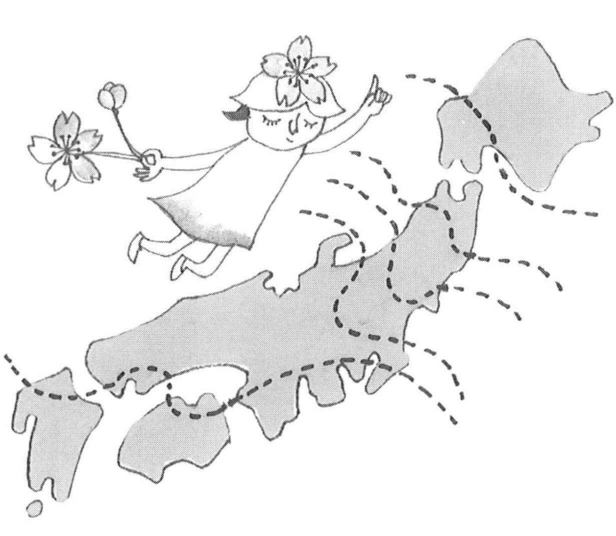

1 自然とくらしを知ろう

季節の花　レンゲ／シロツメクサ／ヤマブキ／ハナミズキ
チューリップ／サクラ

収穫　フキ／タケノコ／ワサビ／ナバナ／レンコン／アスパラガス／カブ

春の野菜の花・実・種への変化を観察しよう

子どもたちには、＜種をまく＞ → ＜芽が出る＞ → ＜花が咲く＞ → ＜実がなる＞ → ＜種ができる＞ → ＜その種をまく＞ → ＜その種から芽が出る＞という、循環のようすを見せることが大切です。

イチゴの花と実と種

ナノハナ（黄）と実

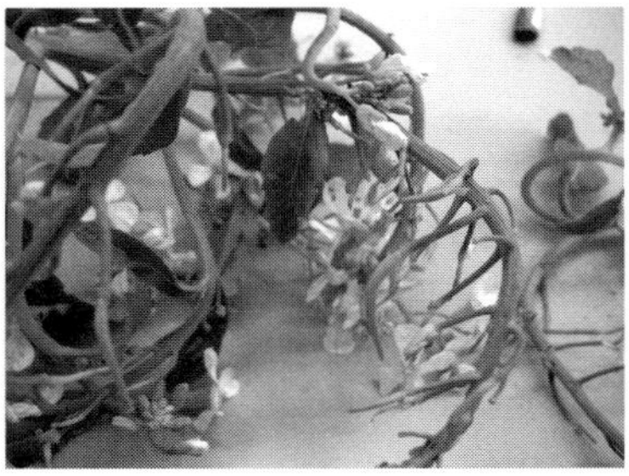

ダイコンの花と実

ソラマメ（紫）の花と実

ナノハナの種（ナタネ）
実（サヤ）を乾燥させ種（ナタネ）をとります。

ダイコンの種
実（サヤ）を乾燥させ種をとり出します。

ソラマメの実と種
実（サヤ）をわるとフワフワした綿状のものにつつまれて豆が並んでいます。

春の昆虫を観察しよう

モンシロチョウ
ナノハナ、タンポポ、レンゲソウなどさまざまな花の蜜を吸う。

キアゲハ
ナノハナ、ダイコン、アザミなどさまざまな花の蜜を吸う。

アブラムシ
茎から汁を吸う。

アリ
虫や草花の蜜を吸う。アブラムシのおしりから出る蜜を吸うためにアブラムシをまもる。

テントウムシ
アブラムシなどの虫を食べる。

ミツバチ
働きバチは花の蜜や花粉を集めながら、植物の交配を助けている。

カミキリムシ
幼虫は強いアゴを使って木を食べる。成虫は①植物の葉や茎を食べるもの、②木の皮を食べるもの、③花の蜜を吸うものの三種類に分かれる。

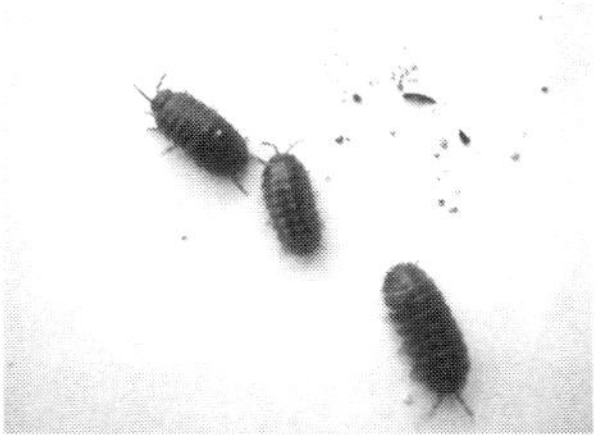

ダンゴムシ
落ち葉や腐った木を食べる。敵がやってくると丸まって身を守る。昆虫ではなく甲殻類に属す。

水辺の生きものを見つけよう

メダカ
目が大きく頭の上部につく。
緋メダカはメダカの改良品種。

ヤゴ
冬と春に水中ですごす。初夏に羽化し、トンボとなって草むらにすむようになる。

アメンボ
脚は長く、先に毛があり、水上に浮かんで滑走する。夜はとんで光に集まる。

お花見、入園式・入学式のようすを知ろう

2 自然に親しんで遊ぼう

春の草花で遊ぼう

オオバコ

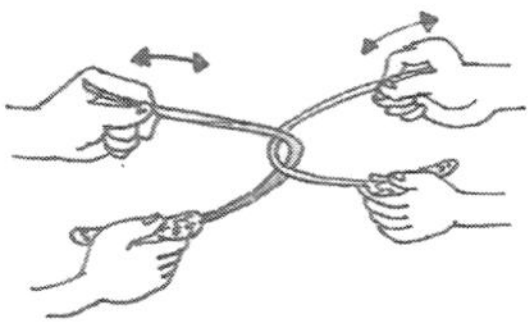

オオバコでこすりっこ・ひっぱりっこ

ヤエムグラを風ぐるまやワッペンにして遊ぼう。

大きな木に咲く花を鑑賞しよう

ヤマブキ

ハナミズキ

ボケ

ヒトツバタゴ
(なんじゃもんじゃの木)

アゲハの幼虫を飼ってみよう

幼虫がいる山椒、ミカン、キンカン、ユズなど柑橘類の葉を枝ごととってきて、観察してみましょう。幼虫は危険を感じると、つのを出し、臭い液体を噴出して身を守ります。その後さなぎになり、羽化すると、羽を延ばして乾かし、成虫になります。成虫は吻《ふん》を延ばして、蜜を吸うようになります。

アゲハの幼虫

さなぎ

成虫

3 自然に働きかけてつくり出そう

種まきをしよう

4月に種まきをする作物には、ゴボウやホウレンソウなどがあります。

ゴボウの実
トゲトゲがあってくっつく

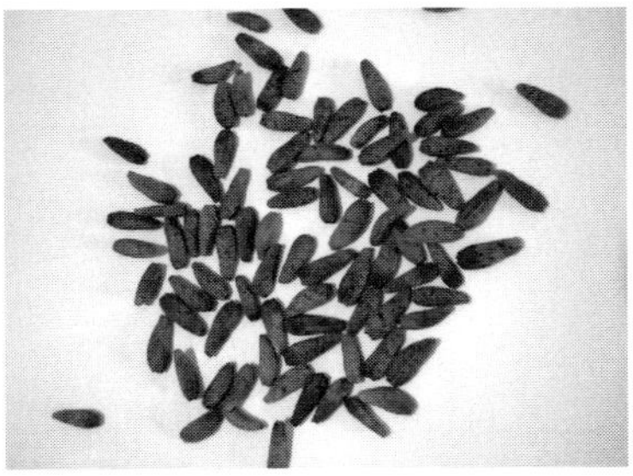

ゴボウの種

ホウレンソウの種

▶資料 126 ページ参照

ダイコンをペットボトルで栽培してみよう

ニンジンやダイコンの首を水に浸しておくと、芽が出ます。
また、ペットボトルを鉢のかわりにすれば、ベランダなど狭い場所でも栽培をすることができます。

ペットボトルを使ったダイコン栽培

たけのこ掘りをして、たけのこご飯をつくろう

▶ 120 ページのレシピ参照

さくら餅をつくろう

オオシマザクラの葉っぱを塩漬けしたものでお餅を包みます。

▶ 120 ページのレシピ参照

5月

皐月（さつき）

解説

陰暦５月の異称。稲《さ》を植える月という意味です。

各国の読み方

英語：May（メイ）
中国語：五月（ウーユエ）
韓国語：오월（オウォル）
フランス語：mai（メ）
ポルトガル語：maio（マイオ）

1日	メーデー	国際的な労働者の祭典。労働者の団結の意義をあらためて認識する日。
2日	八十八夜《はちじゅうはちや》	【2日頃】立春から数えて88日目を八十八夜といいます。この頃になると霜も降りなくなり、「八十八夜の別れ霜」といって、昔から種をまく時期とされ、農作業の上で１つの目安になっていました。しかし、この時期は、思いがけずに冷え込んで霜が降り（遅霜《おそじも》、晩霜《ばんそう》）、お茶などが被害を受けることもあります。
3日	憲法記念日	1946（昭21）年11月3日に公布された日本国憲法は、1947年のこの日に施行されました。
4日	みどりの日	自然に親しむとともに、その恩恵に感謝し、豊かな心を育む日として2007年に定められました。
5日	子どもの日・端午の節句	「菖蒲《しょうぶ》の節句」ともいわれます。強い香気で厄《やく》を祓《はら》うショウブやヨモギを軒につるしたり、菖蒲湯に入ることで無病息災を願いました。また、「菖蒲」を「尚武《しょうぶ》」という言葉にかけて、勇ましい飾りをして男の子の誕生と成長を祝う「尚武の節句」でもありました。今は、男女を問わず、子どもの成長を祝う日となっています。
6日	立夏《りっか》	【6日頃】太陽黄経が45度の時で、野山には新緑が目立ち始め、夏の気配が感じられるようになる頃の意味です。
7日		
8日		
9日		
10日	愛鳥週間（～16日）	繁殖期に入った野鳥に対して障害にならないように配慮し、あわせて野鳥とそれを取り巻く環境について再確認することを目的としています。
11日		
12日		
13日		
14日	母の日	【第2日曜日】母親にあらためて感謝する日です。

茶摘み

八十八夜の頃から茶摘みが始まります。

昔からの手順による茶摘み。

機械による茶刈り。

端午の節句

こいのぼりの由来

「黄河の急流にある竜門と呼ばれる滝を多くの魚が登ろうと試みましたが、鯉のみが登りきり、竜になることができた」という中国の正史、二十四史の一つである「後漢書」に書かれている故事にちなんで、鯉の滝登りが立身出世の象徴となりました。本来は真鯉（黒い鯉）のみで、明治時代から緋鯉《ひごい》と対に掲げ、昭和時代からは家族の象徴として子鯉（青い鯉）を添えたものが主流となりました。

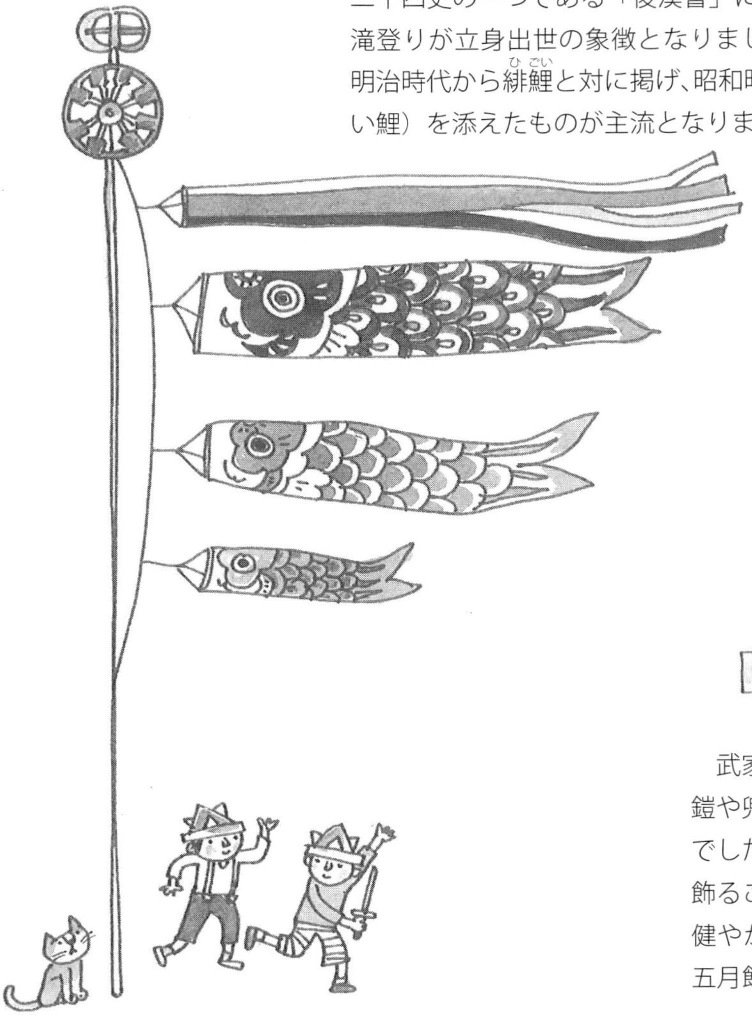

五月飾り

武家社会では、戦いで身を守ってくれる鎧や兜、刀などの武具は非常に大切なものでした。そのため、端午の節句にこれらを飾ることで、子どもを災いや事故から守り、健やかに育つようにと願いをこめたのが、五月飾りの原型といわれています。

15日	沖縄本土復帰記念日	1972年、沖縄の施政権が日本に返還されました。
	京都葵《あおい》祭り	京都三大祭の1つで、上賀茂神社と下鴨神社の祭礼です。
16日		
17日		
18日		
19日		
20日	小満《しょうまん》	【20日頃】太陽黄経が60度の時で、「陽気が盛んで、万物が次第に成長して、一応満足の大きさに達する頃」の意味です。
21日		
22日		
23日		
24日		
25日		
26日		
27日		
28日		
29日		
30日		
31日		

COLUMN 手毬歌“ずいずいずっころばし”の由来

「ずいずいずっころばしごまみそずい、ちゃつぼにおわれて、トッピンシャン、ぬけたらドンドコショ……」この歌の由来には次のことが伝えられています。

「美濃国加納は7万石の城下町で、その中心部に曹洞宗久運寺があった。時、寛文5（1665）年6月、将軍へ献上される宇治よりのお茶を運ぶお茶壷道中の本陣となる。江戸時代より唄い継がれてきた手毬歌は、その時に起きた痛ましい出来事を哀歌として唄ったものである。

ずいずいづっころがし（まりをころがし）
ごまみそずい
ちゃつぼ（お茶壷道中）に追われて
ドッピンシャン　ぬけたらドンドコショ
俵のねずみ（武士）が
米（よね5才）喰って（切って）チュウ（忠義）
チュウチュウ……」

（2009年　第30回全幼研経営研修岐阜大会資料より）

田植えのようすを知ろう

むかしはすべて人力で稲作を行っていましたが、しだいに機械化されていきました。

機械による田植え　　手作業による田植え

水田の大切さを知ろう

水田の役割

①山からの栄養ある水を溜めて、稲や生き物を育てる養分にする。
②水を田に蓄えて、貯水の役割をする。　③多くの生き物を育てる。
④酸素を生じ、気温の調節をする。　⑤緑と水のある景観をつくる。
⑥災害から地域を守る。　⑦地域の文化を育む。(73ページ参照)

畑の土　団粒構造・連作は不可能。連作の工夫が必要。

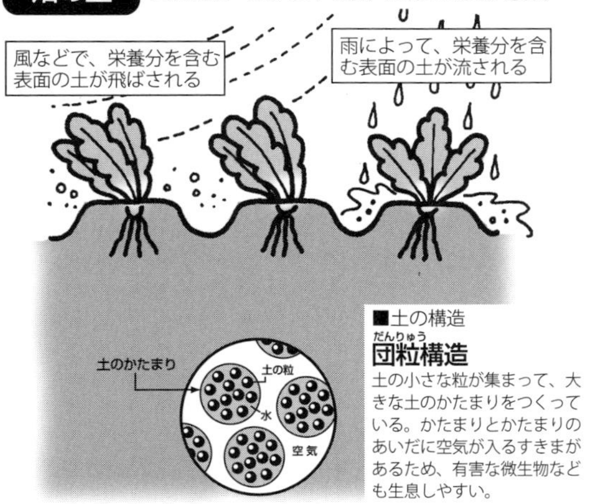

水田の土　単粒構造・連作が可能。

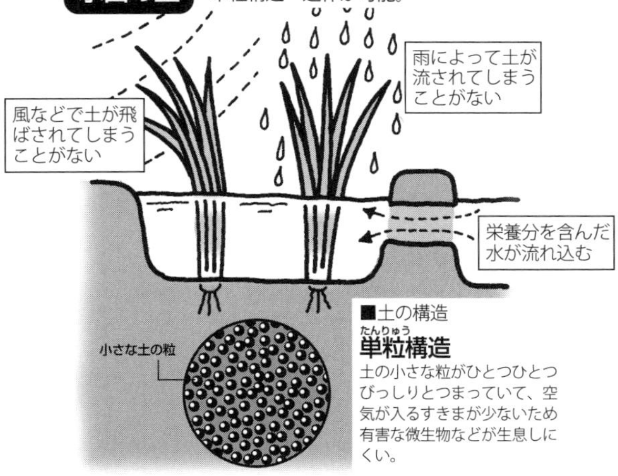

植物の肥料の養分にはどのようなものが必要なのだろう

肥料の三大要素であるチッ素、リン酸、カリウムは植物にとって重要かつ不可欠な栄養分です。

●チッ素……………植物にとって最も大事な養分で茎葉や根などを生育させる、養分の吸収を促進させるなどの働きがあります。
●リン酸……………葉茎や根の伸長を助け開花や結実を促進します。
●カリウム…………暑さ、寒さなどの環境の抵抗性や病害虫などに対する抵抗性を強めます。
三大要素のほかに中量要素と呼ばれる次の養分が必要です。
○カルシウム………植物体を丈夫にし、根の生育を促進します。
○マグネシウム……リン酸の吸収や植物体内の移動を助けます。
○イオウ……………根の発達や植物体内のいろいろな作用を助けます。

1 自然とくらしを知ろう

季節の花　モジズリ（ネジバナ）／ライラック／シャクヤク／ボタン／フジ／ミズバショウ／アヤメ／サルトリイバラ*

＊葉は麩まんじゅうを包むのに利用されます。

収穫　タマネギ／チャ（茶）／エダマメ／コムギ／オオムギ

米づくりの方法を知ろう

機械化された現代の米づくりは、一般的に次のように行われています。

①育苗箱に種籾《たねもみ》をまき、育苗器で発芽させる。

②ビニールハウスに移して、ある程度まで大きく育てる。

③トラクターで、田の土を砕いて緑肥（レンゲ・クローバー）などを鋤《す》きこむ（田越し）。

④トラクターで、たんぼを整える（代《しろ》掻《か》き）。平らにしないと水深のちがいができ、苗の生長に差ができてしまう。

⑤田植え機で、幼苗を本田に移植する（田植え）。

⑥専用の農業機械で、定期的な雑草取り、農薬散布（カメムシ、イモチなどの防除）、肥料散布。

⑦コンバインで、稲刈り・脱穀を同時に行う。

⑧通風型乾燥機で、水分 15%ほどに乾燥させる。稲架《はさかけ》作業による天日干しを行うこともある。

⑨籾《もみ》摺《す》り機で籾摺り（玄米になる）。

⑩精米機で精米（白米になる）。

ツバメを観察しよう

春に南の国から日本に渡ってきて害虫を食べ、外敵から身を守るため、安全な所（人家の軒など）で子育てをして、秋に再び戻っていきます。

ツバメ

初夏のパワーを感じよう

チガヤの群生を見つけよう

花の後、茎の先に白い絹毛を持つ小穂が密生し、長さ 10 ～ 20cm の円柱状にまとまります。風が吹くと、穂が一斉に銀色に光って波打つ光景は美しいものです。若い花穂は「ツバナ」と呼ばれ、噛むとかすかな甘みがあるので、昔は子どもたちがおやつ代わりに噛んだものです。茎葉は乾燥させて屋根を葺《ふ》くのに使い、成熟した穂は火口《ほぐち》に使いました。

コムギやオオムギの実りを観察しよう

コムギ

オオムギ

コムギは西アジア原産、世界で最も広く栽培されています。日本には、紀元前 1 世紀頃、稲と前後して渡来したといわれています。オオムギは西アジア原産、各地の温帯で栽培されています。日本には 1 ～ 3 世紀に渡来したといわれています。

暖かい地方では春に麦の取り入れが始まります。この時期を「麦秋《ばくしゅう》」とよびます。季節は春ですが、「稲の秋」に対する「麦を取り入れる秋」という意味です。「秋」には「穀物を収穫する時期」という意味もあるのです。

コムギはグルテンを含むためパンや麺に加工されます。

オオムギは麦飯、水あめ、ビール、みりん、ウイスキーなどの醸造、麦味噌用の麦麹《むぎこうじ》、炒って粉にした「はったい」（麦こがし、香煎《こうせん》）にし、食用、菓子原料などに加工されます。麦茶は、皮麦を焙じたものです。麦わらは、帽子やストローになります。

母の日の由来を知ろう

アメリカ人のアンナ・ジャービスという女性が、亡くなった母親の命日に、教会で白いカーネーションを霊前に手向け、友人にも配ったのがはじまりです。1914 年にアメリカの国会で祝日と定められ、母親の大切さを改めて認識し、感謝する日になりました。

2 自然に親しんで遊ぼう

草花で遊ぼう

ショウブ

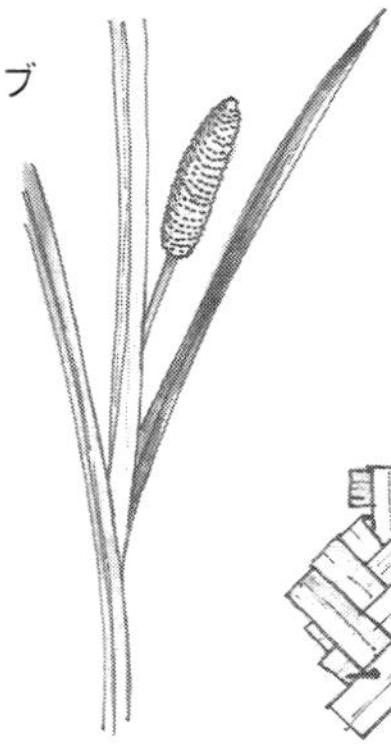

ショウブ*のお人形

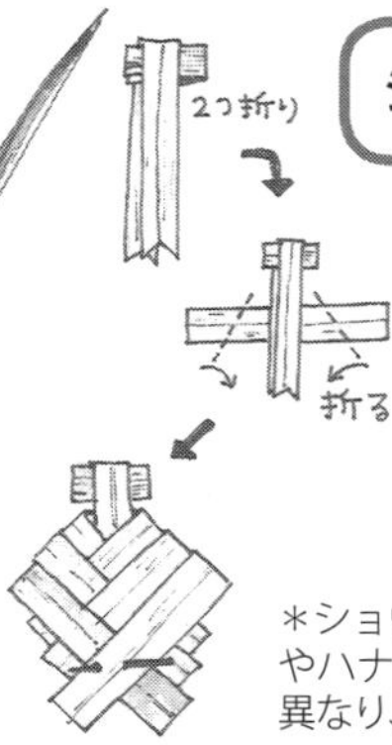
2つ折り
折る

＊ショウブは、アヤメ科のアヤメやハナショウブ、カキツバタとは異なり、サトイモ科の植物です。

マツの虫かご

マツ

フジの花と実を観察しよう

マメ科のフジの花は長い穂のつけ根から咲き出します。花の後に細長い実ができ、秋になると自然に勢いよく裂けて、おはじきのように丸く平べったい茶色の種子を遠くへ飛ばします。缶の中ではじけさせるとカーンと大きな音を立てます。

寺田寅彦の随筆に「藤の実」という文があります。10メートルもはじけて飛ぶフジの実の持つエネルギーへの感動が記されています。

潮干狩りをしよう

春はアサリやハマグリがおいしくなる季節です。潮の干きがつよくなる時期なので潮干狩りに向きます。

貝の種類

アサリは
ギザギザ
ハマグリ
← スベスベ →
バカガイ
シオフキ
スベスベ
マテガイ

ショウブの葉を摘んで、菖蒲湯に入ろう

ザリガニつりをしよう

①するめやにぼしを糸でくくってさおにつけ、静かに水に入れる。

②つりあげたらあみですくう。

③つれたザリガニを持つときは胴の両側をつかむ。

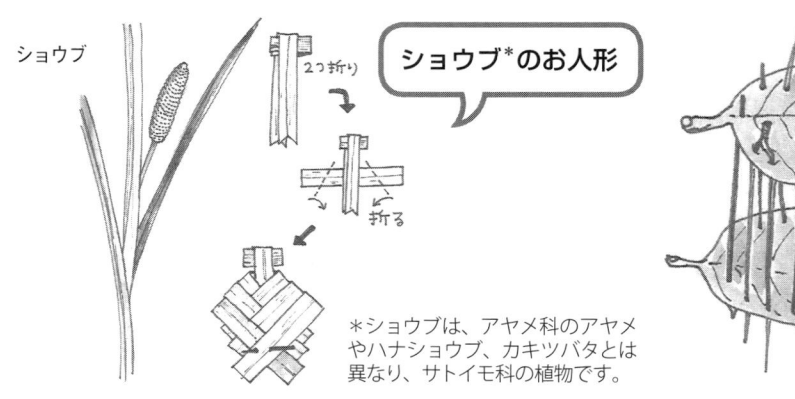

3 自然に働きかけてつくり出そう

ずんだ餅をつくろう

ずんだとはエダマメのことです。エダマメは成長すると大豆になります。

【材料（4人分）：枝豆（さやの付いたまま）300g、水 大さじ7～8、砂糖 大さじ4、塩 ごくごく少量、 市販の餅4つ】

①鍋にお湯を沸かして、枝豆が指でつぶれるくらいにやわらかく茹でる。
②やわらかくなった枝豆をすり鉢で豆の形が崩れる程度にする。
③すり鉢に砂糖と水を加えてさらにすり、最後に少量の塩を入れたら「ずんだ」のできあがり。
④お餅を水にくぐらせて皿にのせ、ラップをしてレンジでやわらかくする。
⑤やわらかくなったお餅に「ずんだ」を和えて完成！

かしわ餅をつくろう

カシワの葉は新芽が出るまで落葉せず、寒さから冬芽を守ることから、子孫繁栄、子どものすこやかな育ちへの思いが込められています。カシワの葉は前年に採取したもので、蒸して乾燥させて保存し、もどしたものを使用しています。

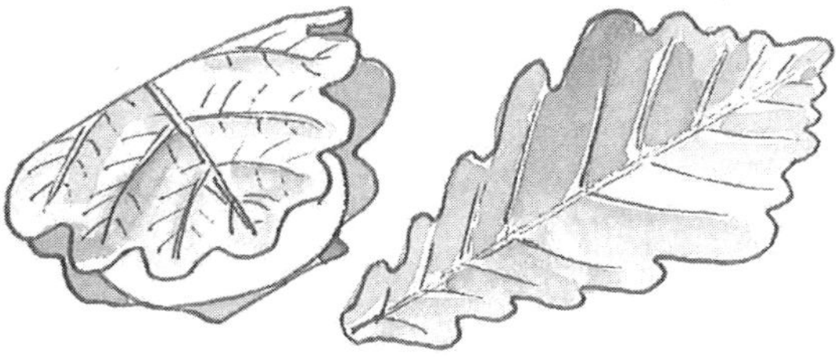

▶ 121 ページのレシピ参照

いろいろなお茶を知ろう

緑茶にはポリフェノールの一種、カテキンが含まれている。抗酸化力が強く、消臭や殺菌に効果があります。

新茶は 60℃位までさましたお湯を入れると新茶の甘みを引き出すことができます。

玉《ぎょく》露《ろ》：新芽を覆い直射日光に当てないように育てた最高級のお茶。香りが高く甘味がある。

煎茶《せんちゃ》：新芽を蒸した後、揉んで乾燥させたお茶。もっともポピュラー。

番茶：煎茶用に摘んだ後の葉や茎で作ったもの。甘みが少なくさっぱりしている。

ほうじ茶：下級の煎茶や番茶を強火で炒って乾燥させたもの。独特の香ばしさがある。

玄米茶：煎茶か番茶に炒った玄米を入れたもの。玄米のよい香りが特徴。

抹茶：新芽を蒸して揉まずに乾燥させたお茶を、石《いし》臼《うす》でひいて粉末にしたもので茶道に使われる。

野草茶をつくろう

オオバコ、ヨモギ、スギナ、ドクダミなどを水でよく洗い、ザルで水を切り、花バサミなどで細かく刻み、天日干しをしたら、フライパンなどでよく炒ります。お湯を注いでも、煮出してもうまくできます。

夏のうた

けしきのうた

海

林柳波作詞、井上武士作曲

うみは　ひろいな
おおきいな
つきは　のぼるし
ひが　しずむ

うみは　おおなみ
あおい　なみ
ゆれて　どこまで
つづくやら

うみに　おふねを
うかばして
いって　みたいな
よその　くに

草花のうた

からたちの花

北原白秋作詞、山田耕筰作曲

からたちの花が咲いたよ。
白い白い花が咲いたよ。

からたちのとげはいたいよ。
青い青い針のとげだよ。

からたちは畑《はた》の垣根よ。
いつもいつもとほる道だよ。

からたちも秋はみのるよ。
まろいまろい金のたまだよ。

からたちのそばで泣いたよ。
みんなみんなやさしかったよ。

からたちの花が咲いたよ。
白い白い花が咲いたよ。

いきもののうた

かえるの合唱《がっしょう》

ドイツ民謡、岡本敏明訳詞

かえるの　うたが
きこえて　くるよ
クワ　クワ　クワ　クワ
ケケケケ　ケケケケ
クワ　クワ　クワ

行事のうた

たなばたさま

権藤はなよ作詞、林柳波補詞、
下総皖一作曲

ささのは　さらさら
のきばに　ゆれる
おほしさま　きらきら
きん　ぎん　すなご

ごしきの　たんざく
わたしが　かいた
おほしさま　きらきら
そらから　みてる

6月

水無月（みなづき）

解説

陰暦６月の異称。水無月の無は「の」とも読み、水の月すなわち田に水を引くという意味です。

各国の読み方

英語：June（ジューン）
中国語：六月（リュウユエ）
韓国語：유월（ユーウォル）
フランス語：juin（ジュアン）
ポルトガル語：junho（ジュンニョ）

1日	衣替え	冬服から夏服に替える日です。夏服から冬服への衣替えの日は、10月1日です。
2日		
3日		
4日	虫歯予防デー	この日から1週間、歯の衛生週間としています。
5日	芒種《ぼうしゅ》	【5日頃】太陽黄経が75度の時で、「『芒《のぎ》』のある麦の収穫をし、稲の苗を植える頃」の意味です。また、梅の実が黄色く色づいてきます。
6日		
7日		
8日		
9日		
10日	時の記念日	時間の大切さを考える日です。日本ではじめて時計（水時計である漏刻台）がつくられた日とされることから、この日が選ばれました。
11日	入梅《にゅうばい》	【11日頃】太陽黄経が80度の時で、「梅雨の季節に入る頃」の意味で雑節の一つです。別名「ついり」ともいい、この頃、栗の雄花が落ちるので「栗花落」と書きます。梅雨は、オホーツク海方面に中心を持つ高気圧と南海上の高気圧の勢力が伯仲し、梅雨前線が本州の南海沿いに停滞するために起こる気象現象で約1カ月ほど続きますが、梅雨前線が北上すると梅雨明けとなります。
12日		
13日		
14日		
15日	父の日	【第3日曜日】父親にあらためて感謝する日です。

衣替え

6月1日は、学校や会社の制服が一斉に涼しい夏服にかわる衣替えの日です。

着物では、裏地のある袷《あわせ》から裏地のない単《ひとえ》に替わります。

もともとは季節の区切りとけじめを重んじる大切な宮中行事の一つで、調度品を夏用に替えたりもしていました。江戸時代以降は広く人々の習慣となり、衣類を整理する日の目安となりました。

梅　雨

季節の変わり目は曇りや雨の日が続きます。とくにこの時期は、梅の実がなる頃に降る雨なので「梅雨」と書きます。

梅雨時に十分に雨が降らないと、夏に「水不足」が起こってしまいます。

また梅雨の明ける頃、激しい雨が降ることがあり、「集中豪雨」の被害が各地に出ることがあります。山崩れ、地すべり、河川の氾濫《はんらん》、市街地の増水などに気をつけましょう。

ホタル（蛍）の一生

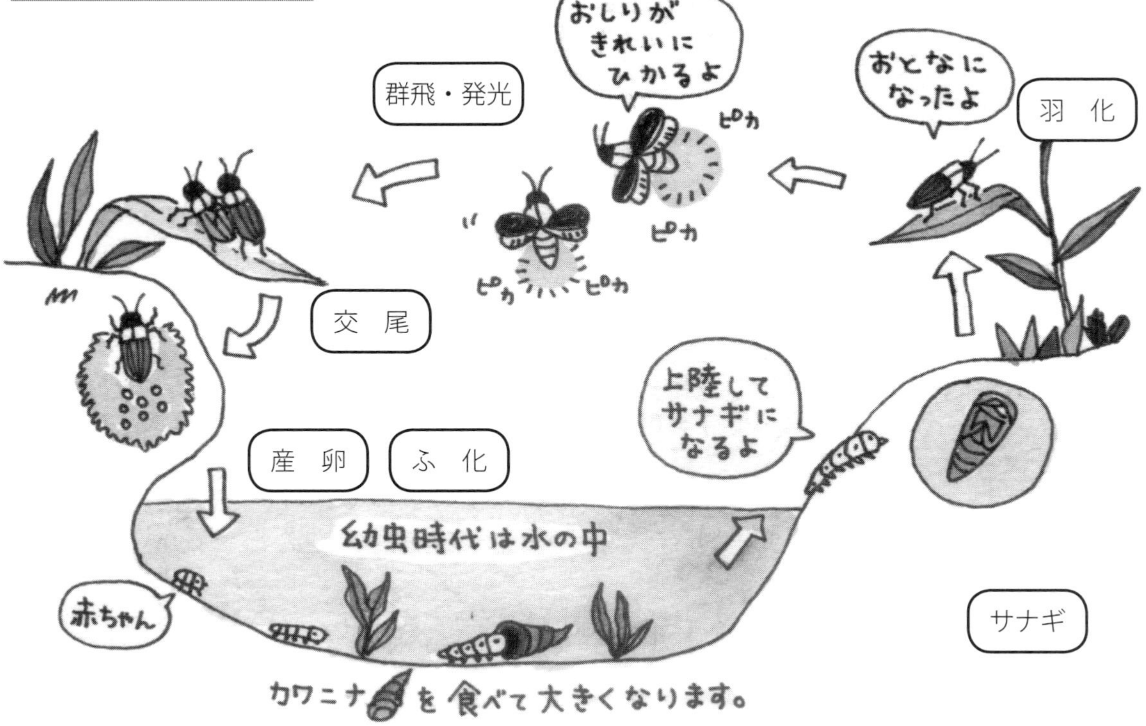

群飛・発光
おしりがきれいにひかるよ
ピカ
ピカ
ピカ
ピカ
おとなになったよ
羽　化
交　尾
上陸してサナギになるよ
産　卵
ふ　化
幼虫時代は水の中
赤ちゃん
サナギ
カワニナを食べて大きくなります。

16日		
17日		
18日		
19日		
20日		
21日	夏至《げし》	【21日頃】太陽黄経が90度の時で、北半球では、一年のうちで昼が最も長く夜の短い日です。昼が長いということは、日照時間が長いということで本来ならこの頃が最も暑い時期のはずです。しかし、実際は梅雨の最中でもあり、本格的な夏の訪れは遅れて7月の末になります。
22日	沖縄慰霊の日	太平洋戦争が終わる間際の1945（昭20）年のこの日、激烈をきわめた沖縄攻防戦が終わりました。そのことを記念して戦没者の霊を慰め、平和を祈るための行事（慰霊祭）が沖縄本島南部の摩文仁《まぶに》の丘で開かれます。
23日		
24日		
25日		
26日	国連憲章公布	1945年6月26日国際連合憲章公布、10月24日発効。
27日		
28日		
29日		
30日		

COLUMN 日本の周りの気団と梅雨前線

日本の周りには4つの大きな気団があり、これらが日本の四季と密接に関係しています。

中でも梅雨に関係するのが、寒気の「オホーツク海気団」と暖気の「小笠原気団」で、両方はともに海上にあるため、とても湿っています。

6月から7月にかけて、北と南から近寄ってくるこの2つの気団は、日本の上空でぶつかり前線をつくります。2つとも勢力が強いのでお互いが押し合い、停滞します。上空に大量の水滴が動かずに留まっているために、長期間にわたって大量の雨が降るのです。

しかし日本の上空に留まっている梅雨前線も、「小笠原気団」がじょじょに勢力を拡大し、「オホーツク海気団」を北に押し上げていきます。最後には「オホーツク海気団」は力尽きて日本の上空から撤退します。そして「小笠原気団」が日本をすっぽり覆ってしまうと、やっと梅雨が明け、暑い夏の到来となるのです。

雨の日の散歩を楽しもう

梅雨時に、生きものたちはどのように過ごしているかを知ることは、生きもののくらしの新たな一面に気づく機会でもあります。散歩に出て観察してみましょう。

雨粒・雨音・雨だれ、雨足、水たまり、水紋、水の流れなどを目や耳で感じてみましょう。

水量の多くなる川や排水溝には近づかないようにしましょう。

雨の中で、活発に活動する生きもののようすを観察しよう

アマガエル

ヒキガエル

トノサマガエル

雨を避けてすごす生きものを見つけよう

スズメなどの鳥は、軒下、木の枝と枝の間、電線の上などに羽がぬれないように閉じてじっとしています。トンボやクモなどの生きものは、葉や巣で雨をしのぎ身を守る工夫をしています。

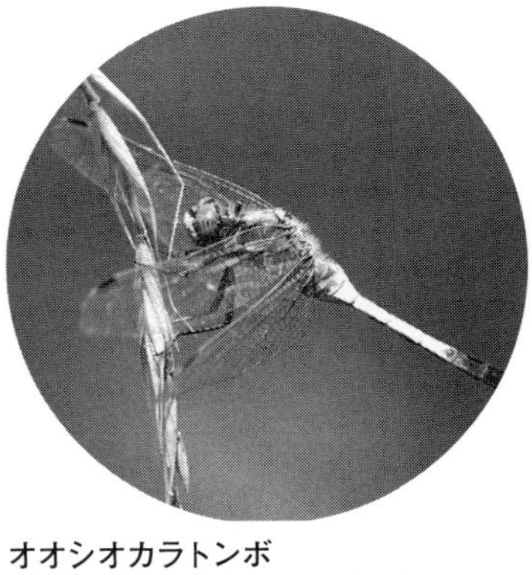

オオシオカラトンボ
葉にとまったままじっとしている。

コアシナガバチ
巣の中にたまった雨水を吸って外に吐き出す。

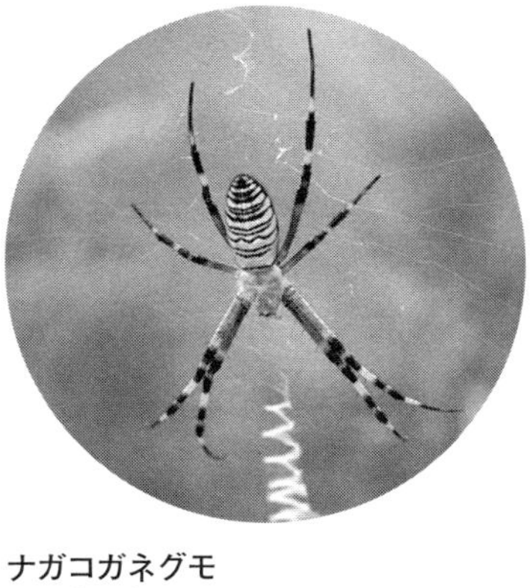

ナガコガネグモ
巣の真ん中でじっとしている。

1 自然とくらしを知ろう

季節の花	ツユクサ／アジサイ／ハナショウブ／サツキ タイザンボク／ユキノシタ
収穫	エンドウ／ジャガイモ／ウメ／ラッキョウ／プラム

アジサイ（紫陽花）の色と種類を観察しよう

花びらのように色づいた部分は「がく」とよばれます。がくの色が青っぽいものは、土の酸性度が高く、赤っぽいものは、アルカリ性度が高いものです。

丸い玉のようにがくが集まっている種類

外側をがくが囲み、内側に小さな花が咲く種類

栗の花の、雄花、雌花を観察しよう

受粉してすぐできる若い栗の実に触ってみましょう。
もうすでにいがができかけています。虫や鳥に食べられないためと思われます。

栗の雄花

栗の雌花

栗の実

クワの実の汁で絵を描こう

クワの木は、４月に芽吹き、５月に開花します。その後汁気が多くやわらかい（液果状）果実がなります。熟すと黒紫色に変色し、食べられるようになります。

熟したクワの実をつぶして汁をとり、絵を描いてみましょう。

カタツムリを観察しよう

晴れの日は、殻に閉じこもって眠っています。大気の湿度が高くなってくると、ゆっくりと動き出します。

カタツムリに透明の下敷きの上をはわせて下からのぞくと、動き方や口のようすを観察できます。

アマガエルを観察しよう

雨が近づいてくるとよく鳴きます。のどをふくらませてクワックワッと音を出します。アマガエルの体の色は、葉の上、泥の上など周りの色に合わせて変わります。

いろいろな動植物を上からも下からも横からも観察できる便利な観察器があります。大きさや形などさまざまな種類があります。輸入玩具店などで購入できます（1800円程度）。

父の日の由来を知ろう

アメリカのドッド夫人が教会の牧師に、父親が亡くなった６月に礼拝してもらったことがきっかけといわれています。すでに母の日が一般化していたので、父親にも感謝する日をと呼びかけ、1972年にアメリカの祝日になりました。父の日のシンボルはバラとされています。

2 自然に親しんで遊ぼう

果実をもいで、においを楽しんだり、味わってみよう

ウメの花

サクランボの花

ビワの花

ウメの実*

サクランボの実

ビワの実

＊未熟な青梅の種にはアミグダリンという青酸配糖体が含まれていて、梅自体の酵素作用により分解し、青酸を生じることがあります。致死量は成人で 300 個、子どもで 100 個に相当しますので、大量に食べない限り大丈夫ですが、十分に熟したものを加工して食べた方が安心です。

ジャガイモを栽培しよう

・種芋を畝《うね》の筋に 30 ～ 40 センチ間隔で並べていく。
・いくつもの芽が出ている種芋は丈夫そうな芽を 1 ～ 2 つ残してほかは取り除く（芽かき）。
・畝の筋を手で少し掘り、種芋を置き、周りの土を砕きながら山のように盛る。
・谷の部分に配合肥料をまく。
・肥料に土をかぶせ、鳥よけのテープを張る。
・収穫時は種芋を植えてから 100 日目頃、葉が枯れたら土中を掘る。
・黒い袋に入れて保管する。緑色になったり、芽が出ているところはソラニンという毒を含んでいるので、食べないように気をつける。

種芋の切り方　1 片が 40 ～ 50 グラムくらいになるように切断する。大きいものは 3 ～ 4 切りとする。できるだけ縦切りとし、頂芽が切断した種芋に 2 つ以上あるようにする。

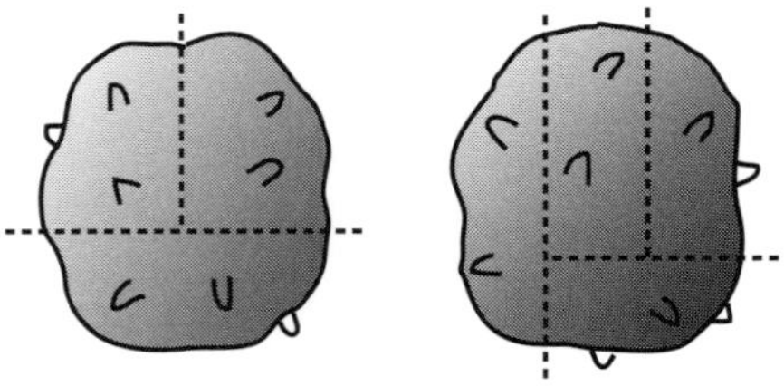

3 自然に働きかけてつくり出そう

梅ジュース・シソジュースをつくろう

■梅ジュース

【材料：梅 500g、はちみつ 500g、水 1L】

①梅を一昼夜冷凍する。凍らせると梅の繊維がこわれやすくなって、梅汁が出やすくなる。

②凍った梅の実半分の上にはちみつ半分を入れ、もう一段梅の実を入れ、残りのはちみつを入れ、水を加える。

③毎日瓶を逆さにして梅を動かすと、1 週間で梅ジュースが飲める。水や炭酸水で割って飲む。

■シソジュース

【材料：赤シソの葉 50g、グラニュー糖 50 ～ 70g、レモン汁（または酢）大さじ 1.5】

①シソの葉をよよく洗って、900mL の熱湯で 5 ～ 6 分ゆでる。

②葉をしぼりながら取り出し、グラニュー糖を入れる。

③あら熱が取れたら、レモン汁（または酢）を入れる。

④保存容器に入れ、冷蔵庫で保存。

ジャガイモの成長を観察しよう

ポテトチップスをつくろう

室内で、折り紙や切り紙を楽しもう

〈葉っぱ〉

① 1/4 の大きさに折る　②線のところを切る

③段折りにして葉脈のようにする　④立体的な葉っぱのできあがり！

〈草〉

①真半分より、△の長さを少し長めにして切る

②はじめと終わりがこの形で切り終わるとよい。だいたい 3 等分のところに切り込みを入れる。○がポイント。

③中央をほぼ中心に、両方からだんだん折りをする。ややななめに折るのがポイント

④うしろに折りかえす。

⑤立体的な草のできあがり！

7月

文月（ふみづき）

解説

陰暦七月の異称。稲の穂がふふむ（ふくらむ）月という意味です。

各国の読み方

英語：July（ジュライ）
中国語：七月（チー ユエ）
韓国語：칠월（チロル）
フランス語：juillet（ジュイエ）
ポルトガル語：julho（ジュリョ）

1日		
2日	半夏生《はんげしょう》	【2日頃】太陽黄経が100度の時で、一般的には「梅雨明け」といわれる頃です。この時期には、ハンゲという植物が花をつけることから、この呼び名がついています。この頃までに田植えが終わらないと米の収穫が減るとされ、米づくりの上で大切な目安となっていました。
3日		
4日		
5日		
6日		
7日	小暑《しょうしょ》	【7日頃】太陽黄経が105度の時で、「熱暑次第に激しくなる頃」という意味です。この頃には気圧配置が夏型となり、梅雨もたいていは終わるといわれていました。暑中見舞いが出されるようになります。
	七夕《たなばた》	短冊に願いを書き、星に祈る風習。
8日		
9日		
10日		
11日		
12日		
13日	日本標準時が定まった日	日本列島はほぼ南北に連なり東西にも長いため、北海道と九州では時差が大きくなります（経度が15度で1時間）。そのため1886（明19）年に、グリニッジ標準時との時差（9時間）を単純化できる東経135度の兵庫県明石市の地方時を日本標準時と定めました。明石市の子午線を太陽が通過する時を12時と定め日本全国どこでも同時刻ということにしたのです。
14日		
15日	お盆	もともと旧暦7月の行事なので、一部の地域では7月のこの頃にお盆の行事を行います。多くの地域では、旧暦に合わせて8月に行う。

夏の星座を見よう

北の空
ひしゃく星
(北斗七星)
デネブ
織り姫星
ベガ
はくちょう座
こと座
ヘラクレス座
うしかい座
かんむり座
東の空
西の空
わし座
ひこ星
アルタイル
へび座
へびつかい座
やぎ座
天の川
アンタレス
いて座
さそり座
みなみのかんむり座
南の空

七夕の由来を知ろう

七夕とは、7月7日の夜のことです。これを「たなばた」と読むようになったのは、日本古来の「棚機《たなはた》つ女《め》」という禊《みそぎ》の行事に由来しています。

この行事は奈良時代に日本に伝わったとされる中国の星祭伝説（7月7日の夜、牽牛《けんぎゅう》（わし座のα星、アルタイル、彦星）と織女《しょくじょ》（こと座のα星、ベガ、織女星）が、年に1回、天の川（銀河）をはさんで出会うというもの）と裁縫や習字の上達を願う乞巧奠《きっこうでん》の行事とが結びついて現在のようなかたちになったのです。

七夕に願い事を書く短冊や吹き流しなどは、青・赤・黄・白・紫の5色となっていますが、これは中国の思想である「五行説」からきています。五行とは、自然界、人間界のすべての現象をつかさどっているという、木・火・土・金・水の5つの要素のことです。

16日		
17日	京都祇園《ぎおん》祭	京都祇園の八坂《やさか》神社の祭礼で、山鉾《やまほこ》巡行が行われます。869（貞観 11）年以来、現在まで続いているのです。
18日		
19日	土用《どよう》・土用の丑《うし》	土用とは、立春・立夏・立秋・立冬の前の 18 日間を指し、その初めの日を「土用の入り」とよんでいます。その間は、土の働きが旺盛になる期間とされています。年 4 回あるわけですが、今では夏のこの頃の土用だけを指しています。
20日	海の日	【第 3 月曜日】1996（平 8）年に国民の祝日として制定されました。当初は 7 月 20 日でしたが、「国民の祝日に関する法律」（祝日法、ハッピーマンデー制度）により 2003（平 15）年から第三月曜日になりました。「祝日法」では「海の恩恵に感謝するとともに、海洋国日本の繁栄を願う」ことを趣旨としています。
21日		
22日		
23日	大暑《たいしょ》	【23 日頃】太陽黄経が 120 度の時で、「暑気がますます加わる頃」という意味で、一年の中でも、最も気温が高く、酷暑の季節とされています。
24日		
25日		
26日		
27日		
28日		
29日		
30日		
31日		

COLUMN 花火遊びをしよう

花火の種類

手持ち花火　ごく一般的な手で持って使用する花火。竹ひごや針金の周りに火薬をまぶしたもの。

線香花火　手持ち花火で、火薬を和紙にくるんでより上げたもの。

噴水　吹出し、ドラゴンなどとも呼ばれている。

打ち上げ　点火すると、火薬の固まりや火薬の入った筒などが上空高く打ち上げられるもの。

連発（乱発）　一度点火すると 5 発から 20 発くらいの火薬の固まりを連続して発射するもの。

＊花火の先を人に向けたり、のぞいたりしないように注意しましょう。

＊家や燃えやすい物のそばではさせないように注意しましょう。

＊水の入ったバケツを用意し、燃え殻は水につけてから処分しましょう。

七夕飾りをつくろう

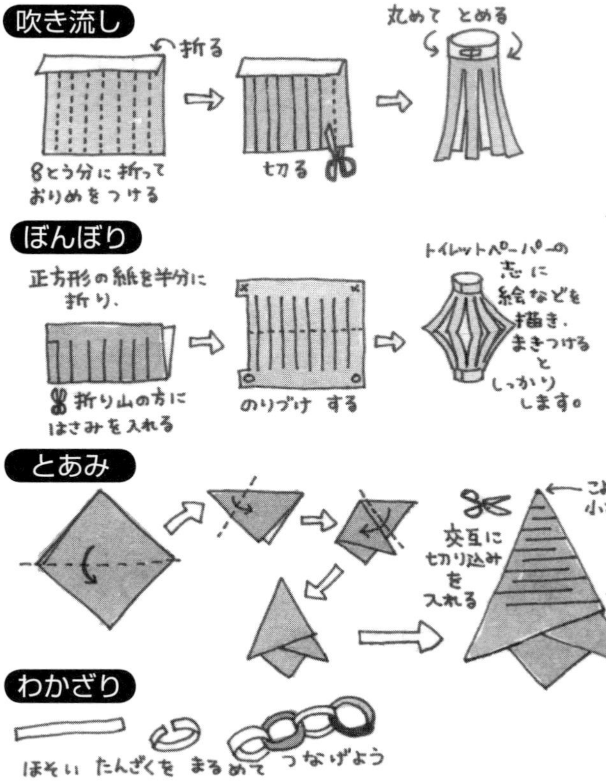
吹き流し
折る
8とう分に折って
おりめをつける
切る
丸めて とめる
ぼんぼり
正方形の紙を半分に
折り、
折り山の方に
はさみを入れる
のりづけ する
トイレットペーパーの
芯に
絵などを
描き、
まきつける
と
しっかり
します。
とあみ
こよりを通すために
小さめに切りおとす。
交互に
切り込み
を
入れる
下まで
切りすぎると
切り落とし
ちゃうよ！
気をつけてね
やさしく
ひろげて
できあがり
わかざり
ほそい たんざくを まるめて つなげよう

土用の丑の日

この日には、夏バテを防ぐために、ウナギを食べるという習慣がありますが、これは奈良時代からあったようです。食用のウナギには、天然ものと養殖ものがあります。

天然のウナギは以下のように大きく回流しながら育ちます。

養殖のウナギは❸のシラスウナギを捕獲して生簀《いけす》で育てます。

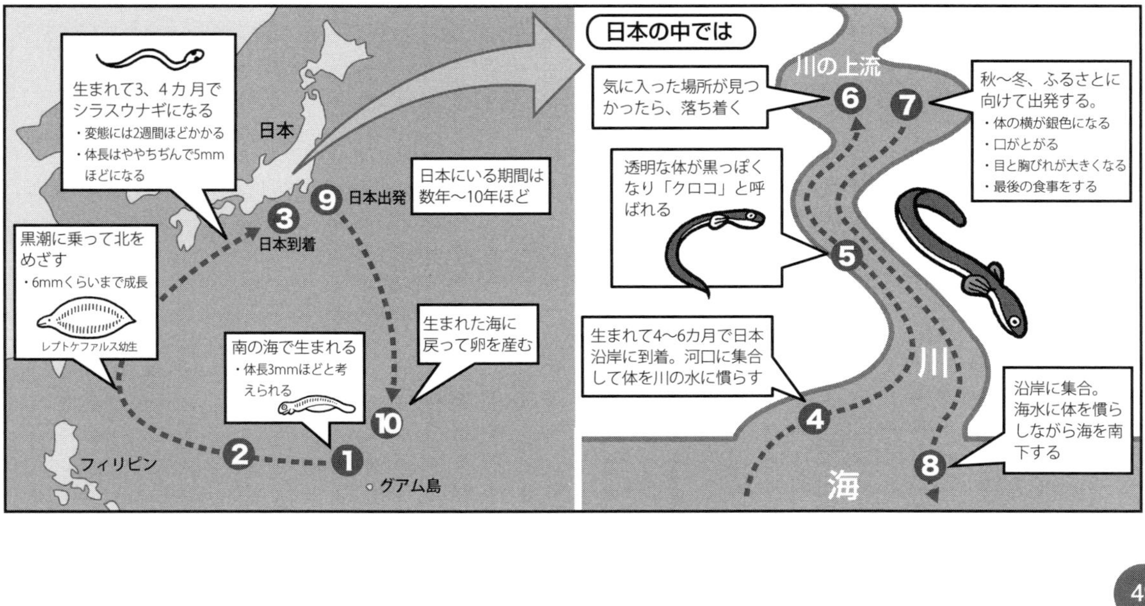
生まれて3、4カ月でシラスウナギになる
・変態には2週間ほどかかる
・体長はややちぢんで5mmほどになる
日本
日本にいる期間は数年〜10年ほど
9 日本出発
3 日本到着
黒潮に乗って北をめざす
・6mmくらいまで成長
レプトケファルス幼生
生まれた海に戻って卵を産む
南の海で生まれる
・体長3mmほどと考えられる
10
2
1
フィリピン
グアム島
日本の中では
川の上流
気に入った場所が見つかったら、落ち着く
6
7
秋〜冬、ふるさとに向けて出発する。
・体の横が銀色になる
・口がとがる
・目と胸びれが大きくなる
・最後の食事をする
透明な体が黒っぽくなり「クロコ」と呼ばれる
5
生まれて4〜6カ月で日本沿岸に到着。河口に集合して体を川の水に慣らす
川
沿岸に集合。海水に体を慣らしながら海を南下する
4
8
海

1 自然とくらしを知ろう

季節の花　ネム／ハス／スイレン／ベニバナ／クチナシ

収穫　エダマメ／ミツバ／スイカ／ナス／キュウリ／トマト

野菜につく虫を観察しよう

トマト―カメムシ

樹液を吸いにつく。退治には竹酢液が効果的。薄める割合は植物の量と虫の発生状況で判断する。

キュウリ―カナブン

成虫は葉や花弁、花芯を食害する。問題は幼虫の方で、乳白色のイモムシみたいな感じ。食欲が旺盛で植物の根をかじり切って、油断しているとあっという間に枯死させてしまう。

ナス―アブラムシ

体長約2～4ミリで、口針を刺して植物の汁を吸う。
吸汁によって植物を弱らせるだけではなく、ウイルスを媒介したり、その糞ですす病が発生したりするため、防除は大切。

テントウムシを飛ばして遊ぼう

枝を立てて、下につかまらせ、上に行く様子を見てみましょう。先まで行くと飛びたちます。いつもお日様に向かって飛び立つので「天道虫」（テントウムシ）と呼ばれています。

ミツバチの役割を知ろう

ミツバチは花から蜜と花粉をもらう代わりに、植物の増殖を助ける循環型の生きものです。最近、日本ミツバチは減少してきていますが、飼育は難しく、養蜂場では西洋ミツバチを飼育しています。日本ミツバチは生存の知恵として、スズメバチに対する防御手段*を獲得していますが、西洋ミツバチは1日ほどで全滅させられてしまうこともあります。

＊「蜂塊《ほうかい》」といい、熱に弱いスズメバチを多数で囲んで蒸し殺す。

2 自然に親しんで遊ぼう

草花のたたき染めをしてみよう

和紙や布に草花のたたき染めをして、オリジナル小物をつくってみましょう。

アサガオやヨモギ、シソなどを紙や布にのせてラップをおき、、上から汁をたたき出すと、色や模様が写し出されます。

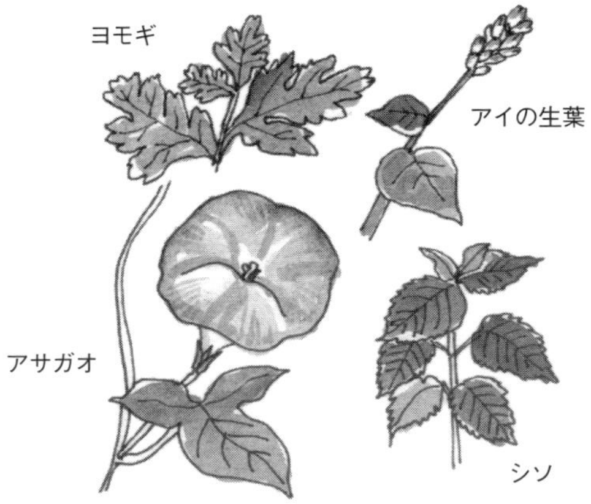
ヨモギ
アイの生葉
アサガオ
シソ

草花のたたき染め
トントントン
ラップ
草花
布
できあがり

花が咲いたら、どこが大きくなって実になるか見続けて確かめよう

キュウリ
雄花と雌花が同じ株に咲く

ナス
雄しべと雌しべが同居している両全花

カボチャ
雄花と雌花が同じ株に咲く

トウモロコシの雄花
雄花と雌花が同じ株に咲く

トウモロコシの雌花
1本1本の毛のようなものを「絹糸《けんし》」といい、それぞれが小さな花で、受粉すると一粒ずつの実となる。

トウモロコシの実

いろいろな野菜を比べてみよう

葉を食べる野菜

キャベツ、レタス、サニーレタス、サラダ菜、ハクサイ、ホウレンソウ、コマツナ、ミズナ、シュンギク、アオジソ、ナガネギ、ニラ、パセリ、ミツバ、クレソン、チンゲンサイ

花を食べる野菜

カリフラワー、ブロッコリー、ミョウガ、食用菊

さやを食べる野菜

キヌサヤ、スナックエンドウ、インゲン

茎を食べる野菜

ウド、フキ、タケノコ、レンコン、アスパラガス、セロリ、カイワレダイコン、ニンニク、タマネギ（葉の根元が大きくなった、りん茎部分を食べます）

実を食べる野菜

日本カボチャ、西洋カボチャ、キュウリ、トマト、ナス、ピーマン、パプリカ、ゴーヤ、シシトウ、トウガラシ、ズッキーニ

根を食べる野菜

ダイコン、聖護院大根、守口大根、桜島大根、二十日《はつか》大根（ラディッシュ）、カブ、ニンジン、ゴボウ

果物や野菜当てをして遊ぼう

布袋にいろいろな果物・野菜を入れ、触ったものを手の触覚だけで当ててみましょう。
目を閉じて香りだけで当てるのも楽しいです。

【例】　果物 ——メロン、ビワ、夏ミカン、ナシ、バナナ、キウイなど
　　　野菜 ——キュウリ、ナス、ピーマン、ジャガイモ、ゴーヤ、ソラマメなど

3 自然に働きかけてつくり出そう

スイカの種類を調べ、比べてみよう

スイカの種類には、

・赤色大玉品種（祭ばやし など）・種なし赤色品種（ほお晴れ）・小玉品種（ひとりじめ など）
・黒皮品種（タヒチ）・長形品種（あっぱれ など）
・黄色品種（黄太郎 など）

などがあります。

メロンの種類を調べ、比べてみよう

メロンの種類には、

・キンショウメロン　・ホームランメロン
・アンデスメロン　・マルセイユメロン
・夕張メロン　・マスクメロン

などがあります。

すいかちょうちんをつくろう

まずは 中味をスプーンでくりぬいて
食べよう!!

中身をくりぬいたスイカに油性のサインペンで目・口部分を下書きし、それに沿ってきりで穴をあけます。カッターで切りぬくと、パカッとはずせます。口を大きく開けたほうが、中の赤色がよく見えて、ろうそくを立ててもきれいに見えます。

ところてんをつくろう

天草《てんぐさ》や寒天《かんてん》を煮て、ドロドロになったものをバットに移し、冷やし固めてつくります。

食べるときは、ゴマやお酢のタレをかけます。

黒みつをかけて食べる地域もあります。

ゴマや お酢のタレ
ツルン

夏みかんゼリーをつくろう

夏みかんを横に切って、中身を取り出します。その皮に小さくきざんだ果肉を入れたら、溶かしたゼラチンを流し込んで冷やします。

＊ゼラチンは牛などの動物のにかわ質を精製したもので、消化吸収の良いたんぱく質の一種です。

8月

葉月（はづき）

解説

陰暦８月の異称。稲の穂の張る（ふくれる、はちきれそうになる）月という意味です。

各国の読み方

英語：August（オーガスト）
中国語：八月（パー　ユエ）
韓国語：팔월（パロル）
フランス語：aout（ウット）
ポルトガル語：agosto（アゴスト）

1日	八朔《はっさく》	田んぼの神様に豊作を祈願する日。旧暦の毎月１日を「朔」といい、8月１日に行われることから「八朔」と呼ばれます。現在の暦では９月の始め頃です。「たのみ」ともよばれるこの行事は「田の実」と「頼み」の意をかけています。
2日		
3日		
4日		
5日		
6日	広島原爆の日	1945（昭 20）年のこの日、午前８時 15 分にアメリカの飛行機が原子爆弾（ウラン爆弾）を広島に投下しました。目もくらむような光がはしり、激しい爆風と熱で街のほとんどが焼失し、即死者７万人、その年の内に 14 万人の命が奪われました。現在までに約 24 万人もの人たちが放射能におかされ、今でも病気で苦しんでいる人たちがいます。
7日	立秋《りっしゅう》	【7 日頃】太陽黄経で 135 度の時で、１年で最も暑い時期ですが、風のそよぎなどに秋の気配を感じるようになる頃です。暑中見舞いを出すのは、この日の前日までで、この日以降は、残暑見舞いとする習慣があります。
8日		
9日	長崎原爆の日	1945（昭 20）年のこの日、午前 11 時２分にアメリカの飛行機が原子爆弾（プルトニウム爆弾）を長崎に投下しました。広島と同様に、強烈な光がはしり激しい爆風と熱で街は焼失し、即死者 3.5 万人、その年の内に 7.4 万人が亡くなり、その後に亡くなった人を入れると現在までに 13 ～ 14 万人が亡くなり、今でも病気で苦しんでいる人たちがいます。
10日		
11日	山の日	2016 年１月１日施行の改正祝日法で新設されました。
12日	盆踊り	お盆が近づくと、各地で盛んに行われます。７月に行なう地域もあります。

美空ひばりの反戦歌

「一本の鉛筆」は、美空ひばりの数多くの歌の中で唯一の反戦歌です。彼女の横浜での空襲の体験が人々の共感をよぶ歌になりました。

京都の美空ひばり館にも別格にコーナーを設け展示されています。

「一本の鉛筆」
松山善三作詞、佐藤勝作編曲

あなたに　聞いてもらいたい
あなたに　読んでもらいたい
あなたに　歌ってもらいたい
あなたに　信じてもらいたい

一本の鉛筆が　あれば
私はあなたへの　愛を書く
一本の鉛筆が　あれば
戦争はいやだと　私は書く

あなたに　愛をおくりたい
あなたに　夢をおくりたい
あなたに　春をおくりたい
あなたに　世界をおくりたい

一枚のザラ紙が　あれば
私は子供が　欲しいと書く
一枚のザラ紙が　あれば
あなたをかえしてと　私は書く

一本の鉛筆が　あれば
八月六日の　朝と書く
一本の鉛筆が　あれば
人間のいのちと　私は書く

盆踊り

平安時代に空《くう》也《や》上人《しょうにん》が仏教を広めるために始めた念仏踊りが盆の行事と結びつき、精霊を迎えて死者を供養する行事となっていったといわれています。

室町時代になると、太鼓などをたたいて踊るようになり、さらに時代とともに宗教的な意味は薄くなってきているようです。

花火大会のルーツ

1733年、8代将軍・徳川吉宗が、前年の大飢《き》饉《きん》とコレラの流行による死者を慰めるために水《すい》神祭《じんさい》を行いました。そのとき花火を打ち上げたのが花火大会のルーツで、それから毎年、隅田《すみだ》川（現在の東京・両国）で打ち上げられるようになったといわれています。

現在、隅田川花火大会は7月の最終土曜日に行われ、全国でも7月25日から8月25日を中心に大規模な花火大会が各地で開かれます。

夏祭り

8月中は、各地で多くの夏祭りが行われます。

盆の時期と重なるので、先祖の供養という意味もありますが、疫病や害虫、台風など、危害を加えるものを追い払う意味で行われるものも多くあります。

［例］2～7日＝青森ねぶたまつり
　　3～6日＝秋田・竿灯《かんとう》まつり
　　9～12日＝高知・よさこいまつり など

13日	処暑《しょしょ》	【13日頃】太陽黄経が150度の時で、「暑さが止む」という意味で、暑さもようやくおさまり、朝夕には初秋の気配がただよってきます。稲が実り始め収穫が間近となり、台風のシーズンにもなって、嵐が心配になる頃です。
	お盆 （～15日）	正月と並ぶ重要な行事。盆だなにお供えをして、盆提灯《ぼんちょうちん》に火をともし、先祖の霊を迎えて供養し、またあの世に送り出します。仏教語では「うらぼんえ（盂蘭盆会）」といいます。これはサンスクリット語のウラバンナを漢字にしたもので「逆さまにつるされるような苦しみにある人を救う」という意味があるそうです。 中国では古くから行われており、日本では飛鳥時代の推古天皇のときに初めて行われたという記録があります。奈良時代、平安時代には宮中行事としてとり行われていましたが、江戸時代以降、庶民の間に広まりました。
14日		
15日	終戦記念日	1945（昭20）年のこの日、日本が「ポツダム宣言」を受諾したことを、国民に知らせ第二次世界大戦に終止符が打たれました。「ポツダム宣言」は米・英・中による無条件降伏の勧告宣言で、軍国主義の絶滅・領土の削減・連合軍による占領などが規定してありました。
16日		
17日		
18日		
19日		
20日		
21日		
22日		
23日	地蔵《じぞう》盆 （～24日）	子どもの守り神として信仰されているお地蔵様を祭る行事です。 関西地方で盛んに行われています。
24日		
25日		
26日		
27日		
28日		
29日		
30日		
31日		

お盆の風習

盆だな

精霊だなとも呼ばれ、お盆のお供えをするたなのことです。庭先や縁先、仏間、床の間などに置いて霊を迎えます。正式には、台の上にマコモというイネ科の植物（イグサ）であんだござをしき、4つのすみに青竹を立てて縄をはります。ござの奥中央に亡くなった人や先祖の位牌を置き、そのまわりにろうそく、お香、花立て、お供え物などを置くのが基本の形とされています。お供え物は、果物や野菜、餅、だんご、亡くなった人が好きだった食べ物の他に、きゅうりでつくった馬となすでつくった牛があります。

これらは、「精霊馬」と呼ばれるもので、「お迎えはきゅうりの馬で早く」、「お送りはなすの牛でゆっくり」などの気持ちを込めたものともいわれています。

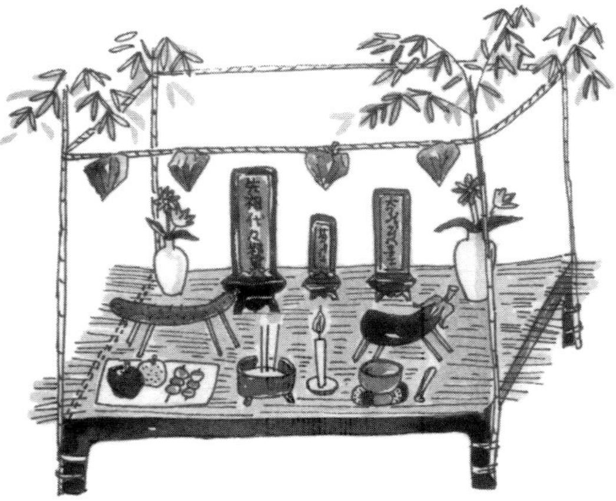

ほおずきを ちょうちん がわりに
つるすところも あります。

盆提灯

先祖の霊が家に帰ってくるとき、目印となるのが盆提灯です。鎌倉時代、京都では、盆に霊を迎えるため、門口などに高いさおを立て、その先に提灯をつるす「高灯籠」が行われていました。それが受け継がれ盆提灯を飾る風習になったとされています。亡くなった人をはじめてお迎えする盆のことを「新盆」または「初盆」といいます。このときは、家に帰ってくる霊が迷うことがないように、玄関や縁側の軒先に白一色の新盆提灯を飾ります。それ以外の毎年の盆には、絵柄の入った提灯を盆だなや仏壇の両脇に一対、または二対と飾るのが一般的です。

迎え火と送り火

盆の入りに火をたいて先祖の霊を迎えることを「迎え火」、盆明けに火をたいて祖先の霊を送りだすことを「送り火」といいます。「迎え火」は、13 日の夕方、ほうろくと呼ばれる素焼きの器にオガラという麻の茎をつみ重ねて、家の門口や玄関で燃やし、その煙で先祖の霊を迎えるものです。一方の「送り火」は、15 日の夕方、迎え火を燃やしたのと同じ場所でオガラをつみ重ねて火を燃やし、霊を再びあの世に送り出します。

精霊流し

わら木でつくった船（精霊分船）に盆のお供え物や飾り物をのせ、川や海へ流す風習を「精霊流し」といいます。精霊分船の代わりに木や和紙などでつくった灯籠を流すこともあり、これは「灯籠流し」と呼ばれます。これらは、新盆の時に戻ってきた霊を海の彼方にある彼岸に送りだす風習で、盆に行われる送り火の一種です。また、お供え物をあの世へ送るという意味と、水に流して清めるという二つの意味があるともいわれています。

1 自然とくらしを知ろう

季節の花　イノコヅチ／エノコログサ／ヒマワリ／ヤマユリ
カンナ／オシロイバナ

収穫　ヘチマ／ゴーヤ／ヒョウタン／トウモロコシ／ダイズ
オクラ／ミョウガ

いろいろなセミを見つけよう

ツクツクボウシ
鳴き方「ツクツクホウシ」
よくとまる木　ヒノキ・クヌギ・カキ・カシワ

ニイニイゼミ
鳴き方「チー」「ジィー」
よくとまる木　サクラ・マツ・ヒマラヤスギ

アブラゼミ
鳴き方「ジージー」「ジリジリ」
よくとまる木　サクラ・マツ・ヒマラヤスギ

クマゼミ
鳴き方「シャンシャン」「シャシャ」
よくとまる木　街路樹・キンモクセイ

ミンミンゼミ
鳴き方「ミーンミーン」
（東日本では平地・西日本では山地で鳴く）
よくとまる木　サクラ・ケヤキ

ヒグラシ
鳴き方「カナカナ」「ケケケ」
よくとまる木　広葉樹林・スギ・ヒノキ

＊参考：「むしむし探し隊」のホームページ（http://www.64tai.com/zukan_semi.html）を参考にしました。

セミが羽化する様子をみよう

夕方から夜にかけて、セミは羽化（脱皮）します。公園などの木の上の方を探してみましょう。

どうして暗くなってから脱皮するのでしょうか。それは夜は目が見えなくなる鳥などに見つかっておそわれないよう、かくれているのです。

クマゼミの羽化

夕方に咲く花を見よう

ヨイマチグサ（宵待ち草）
咲く時にパカッと音がするかな？

カラスウリ（烏瓜）とその実
秋には真っ赤な実が熟します。根から採ったデンプンが「天花粉」になります。

8月

ユウガオ（夕顔）とその実
果実は長楕円形か球形で大きくなります。煮物にしたり、かんぴょうにもします。

ゲッカビジン（月下美人）
咲く時にゆれるかな？

夏をすずしくすごす工夫

生活の中で、暑い夏をすずしくすごすために、さまざまな工夫があります。

・ヘチマ、ヒョウタン、アサガオ、ゴーヤなど、つる性の植物で、草のすだれをつくり、日よけにする。
・ふすまや障子などを取り払い、すだれに替えて風の通り道をつくる。
・ひんぱんに打ち水をする。
・風鈴をつるし、風を感じる。
・木陰にハンモックなどを吊るして休む。
・行水、水遊びや氷遊びをする。

2 自然に親しんで遊ぼう

磯遊びをしよう

磯でいろいろな生物を観察してみましょう。海の水が寄せたり、引いたりするあたりを「磯」といいます。観察がおわったら生物を元の場所へ逃がしておきましょう。

磯の代表的な生物

・フナムシ　・ヒトデ　・フジツボ
・クラゲ　・シジミ　・ハマグリ
・アサリ　・カニ　・ヤドカリ
・ヒラガイ　・ウニ　・エビ

ヒトデ

フジツボ

フナムシ

水や砂で遊ぼう

水遊び　水でっぽう、色水づくり
砂遊び　砂とりごっこ、トンネルづくり、池づくり

いろいろなしゃぼん玉をつくろう

石けん水に砂糖を混ぜると大きくふくらみます。

切って　ひらく
親子しゃぼん玉
このへん まで
石けん水でぬらし
そっと玉の中へ入れてから ふく

虹をつくろう

太陽を背にして、ジョウロや霧吹きで水を飛ばすと、目の前に小さな虹ができます。

ホオズキ遊びをしよう

ホオズキの
袋ならし
ホオズキ
お人形
ブー
ブー
ふえ
お人形

3 自然に働きかけてつくり出そう

ヘチマから化粧水をつくろう

ヘチマの茎を根元から1～1.5メートルあたりで切断し、根のある方の切り口をびんにさして一昼夜ほど置くとヘチマ水がたまります。採取したヘチマ水はそのまま使用できますが、防腐剤を加えなかったり、ろ過が不十分だと腐りやすいので注意してください。

新鮮なヘチマ水に清涼感や角質をやわらかくする効果のあるエタノールとグリセリンを加えてかき混ぜ、防腐剤としてパラオキシ安息香酸エステル等を加え、ガーゼや綿栓でろ過すると、ヘチマ化粧水がつくれます。好みで香料を入れてもよいでしょう。

ゴーヤを食べてみよう

ゴーヤを調理して食べてみましょう。ゴーヤチャンプルにして食べてみましょう。種の形も面白いね。

ヘチマからたわしをつくろう

ヘチマの実を水につけておき、皮を腐らせ、中の繊維だけ取り出して乾燥させるとヘチマたわしがつくれます。

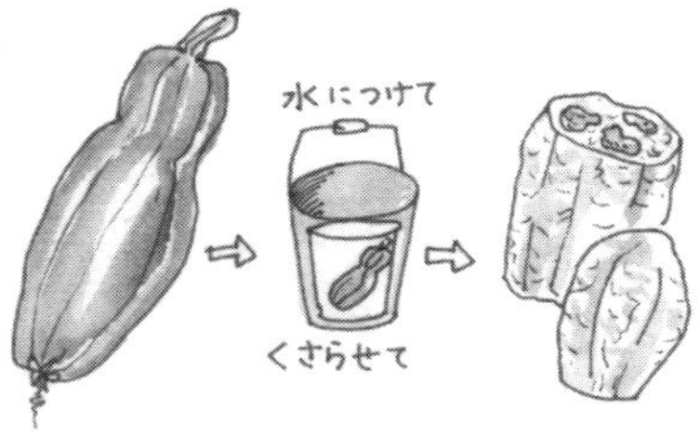

かざり（モビール）をつくろう

竹ひごと針金を使って、つくってみましょう。

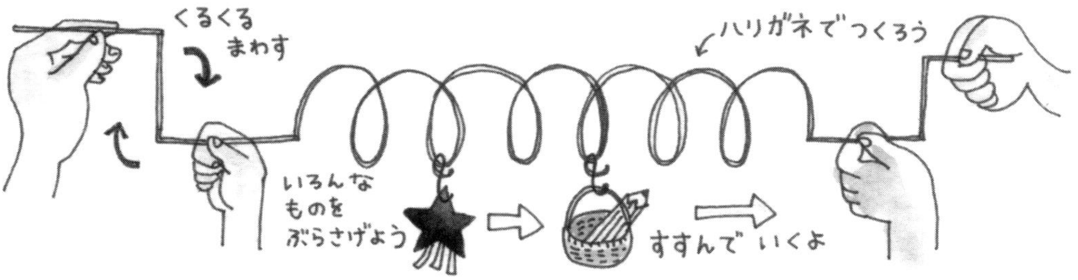

秋のうた

けしきのうた

ちいさい秋 みつけた

サトウハチロー作詞、中田喜直作曲

誰かさんが　誰かさんが
誰かさんが　みつけた
ちいさい秋　ちいさい秋
ちいさい秋　みつけた
めかくし鬼さん　手のなる方へ
すましたお耳に　かすかにしみた
よんでる口笛　もずの声
ちいさい秋　ちいさい秋
ちいさい秋　みつけた

誰かさんが　誰かさんが
誰かさんが　みつけた
ちいさい秋　ちいさい秋
ちいさい秋　みつけた
お部屋は北向き　くもりのガラス
うつろな目の色　とかしたミルク
わずかなすきから　秋の風
ちいさい秋　ちいさい秋　ちいさ
い秋　みつけた

誰かさんが　誰かさんが
誰かさんが　みつけた
ちいさい秋　ちいさい秋
ちいさい秋　みつけた
むかしの　むかしの　風見の鳥の
ぼやけたとさかに
はぜの葉ひとつ
はぜの葉あかくて　入日色
ちいさい秋　ちいさい秋
ちいさい秋　みつけた

草花のうた

真赤《まっか》な秋

薩摩忠作詞、小林秀雄作曲

まっかだな　まっかだな
つたの葉っぱが　まっかだな
もみじの葉っぱも　まっかだな
沈む夕日に　照らされて
まっかなほっぺたの　きみとぼく
まっかな秋に　かこまれている

まっかだな　まっかだな
からすうりって　まっかだな
とんぼの背中も　まっかだな
夕焼け雲を　指さして
まっかなほっぺたの　きみとぼく
まっかな秋に　呼びかけている

まっかだな　まっかだな
ひがんばなって　まっかだな
遠くのたき火も　まっかだな
お宮の鳥居を　くぐりぬけ
まっかなほっぺたの　きみとぼく
まっかな秋を　たずねてまわる

いきもののうた

むしのこえ

文部省唱歌

あれまつむしがないている
ちんちろちんちろ　ちんちろりん
あれすずむしもなきだした
りんりんりんりん　りいんりん
あきのよながをなきとおす
ああおもしろいむしのこえ

きりきりきりきり　こおろぎや
がちゃがちゃがちゃがちゃ
くつわむし
あとからうまおい　おいついて
ちょんちょんちょんちょん
すいっちょん
あきのよながをなきとおす
ああおもしろいむしのこえ

行事のうた

つき

文部省唱歌

でた　でた　つきが
まるい　まるい　まんまるい
ぼんのような　つきが

かくれた　くもに
くろい　くろい　まっくろい
すみのような　くもに

また　でた　つきが
まるい　まるい　まんまるい
ぼんのような　つきが

9月

長月（ながつき）

解説

陰暦９月の異称。「夜が長い月」という意味です。

各国の読み方

英語：September（セプテンバー）
中国語：九月（ジュウ ユエ）
韓国語：구월（クウォル）
フランス語：septembre（セプタンブル）
ポルトガル語：setembro（セテンブロ）

1日	防災の日	1923（大正12）年９月１日の午前11時58分、関東地方にマグニチュード7.9の大地震が発生し、東京・横浜などでは大火災に見舞われ、死者、行方不明者約14.3万人、罹災者は約340万人に達しました。この日を銘記し、災害についての認識を高め、対処する心構えを持つことを目的として1960（昭35）年に定められました。
2日	二百十日《にひゃくとうか》	【2日頃】立春から数えて210日目。稲の花が咲き始める頃で、農家にとってはとても大事な時期ですが、この頃から10月下旬くらいまで日本には台風が上陸することが多いのです。二百十日が近づくと台風の被害を受けないように「風《かざ》祭《まつ》り」が各地で行われます。富山県の「おわら風の盆」は厄払いの祭りとして、9月１～３日に開かれます。
3日		
4日		
5日		
6日		
7日	白露《はくろ》	【7日頃】太陽黄経が165度の時で､「草木の葉にしらつゆ（つゆの美称･白く光ってみえるつゆ）が宿り始める頃」とされています。暑さもようやく峠をこえて空の色も青く澄みはじめ、秋の気配が感じられるようになります。
8日		
9日	重陽《ちょうよう》の節句	旧暦の９月９日の節句です。
10日		
11日		
12日	二百二十日《にひゃくはつか》	【12日頃】統計的には二百十日よりもこの頃の方が台風が接近することが多いそうです。
13日		
14日		

台風の到来に気をつけよう

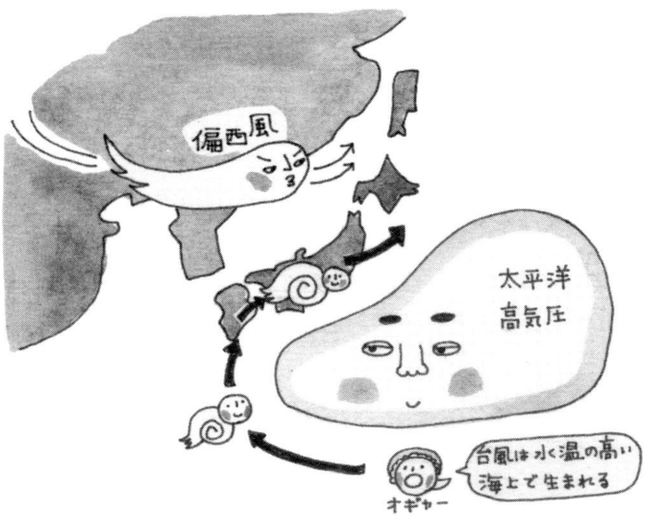

台風は季節によって大体通り道が決まっていて、9月には日本が通り道になるので、作物・果樹・家屋などに被害が出ないよう防備しておきましょう。

防災の備えをしよう

避難場所、災害時の役割分担、非常持ち出し袋の点検をしましょう。

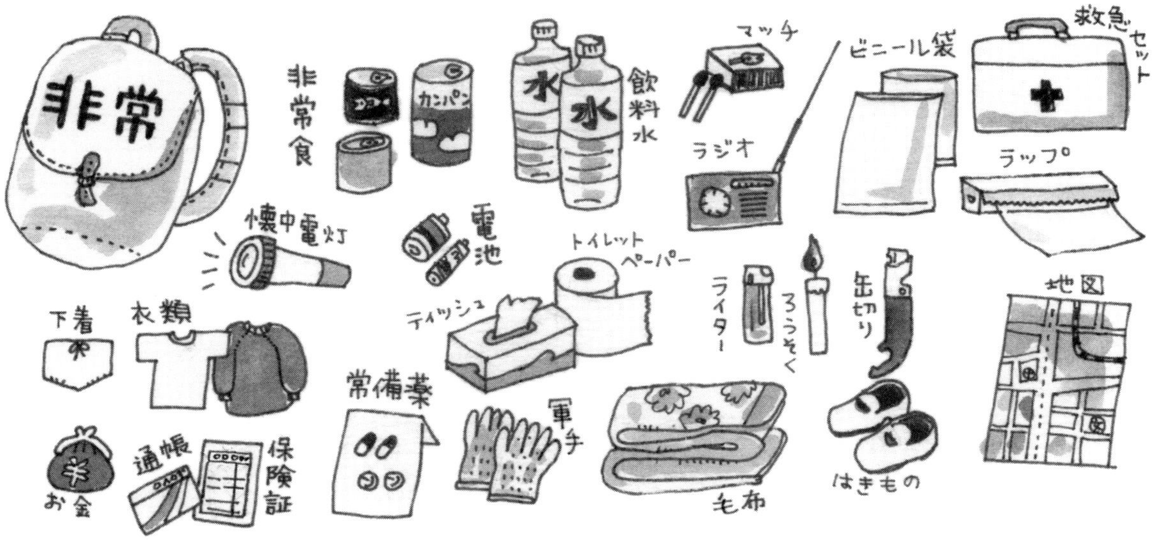

重陽の節句

旧暦の9月9日、重陽の節句は、縁起のよい数字とされる奇数の中でも最も大きな数である「9」が二つ重なるので、おめでたい日とされ、菊の花を飾り、菊酒を飲んで祝いました。

菊は仙人の住む場所に咲く花で、長寿延命の薬と信じられ、香りは邪気を払うといわれてきました。奈良時代に中国から伝来して、宮中での宴会に、江戸時代には武家、やがて庶民にも広まり、今でも菊の品評会、菊人形展などにその風情が残っています。

15日	敬老の日	【第3月曜】多年にわたって社会に尽くしてきた高齢者を敬愛し、長寿を祝う国民の祝日です。1954（昭29）年に「老人の日」が定められ、慰労の催しなどが行われてきましたが、1966（昭41）年には「敬老の日」と改められ国民の祝日となりました。その後、2001年の「祝日法」改正の適用により、2003年から第三月曜が「敬老の日」と定められました。
16日		
17日		
18日	中秋の名月	秋は空気が澄んで、月がはっきり見えます。とくに旧暦の8月15日頃の月は「十五夜」と親しまれ、一年で1番美しいといわれ「中秋の名月」とも呼ばれていました。新暦では9月18日頃です。
19日		
20日	彼岸の入り	【20日頃】この日から秋の彼岸の仏事が行われます。彼岸の日程は秋分の日によって毎年異なります。
	動物愛護週間	人々に動物愛護の精神の普及をはかり、動物に対する理解を深めると共に、生命を尊ぶ心を育んでいきたいという趣旨で行われています。
21日		
22日		
23日	秋分の日	【23日頃】太陽黄経が180度の時で、太陽が秋分点に達する。昼と夜の長さがほぼ同じとなり、この日以降は徐々に夜が長くなってきます。「暑さ寒さも彼岸まで」という通り、厳しかった残暑も次第になくなり、さわやかな気候になっていきます。また、この日を「秋の彼岸の中日」といって、祖先を敬い、亡くなった人々をしのぶということで1948（昭23）年に国民の祝日に定められました。この日を真ん中にして3日前を彼岸の入り、3日後を彼岸の明けと呼んでいます。
24日		
25日		
26日	彼岸の明け	【26日頃】秋分の日の3日後が彼岸の仏事の最終日です。
27日		
28日		
29日		
30日		

中秋の名月

お月見の行事には美しい月を見て楽しむという面とともに、田畑の恵みを月に感謝するという意味が込められています。旧暦は月の満ち欠けが基準で生活に欠かせないものだったので、米のだんごや芋を供えて月に収穫を感謝したのです。十五夜の夜は、子どもたちがだんごを盗みに来ることが歓迎されました。それは、子どもは神の依《よ》り代《しろ》と考えられていたので、子どもたちがだんごを食べてくれると、神様に感謝の気持ちが伝わり来年も豊作を恵んでくれると考えられていたからといわれています。今でも各地にこの「月見泥棒」の風習が残っています（だんごがお菓子にかわって行われることも多くなっています）。

月の満ち欠けと和名

月の形	月暦	和名	内容
	一日	朔、新月 さく、しんげつ	月が見えなくなった日と見え始めたた日の中間で、まったく月が見えない状態のこと
	三日	三日月 みかづき	新月から 2、3 日たった細長い月。日没前、西の空に浮かび、太陽を追うように西に沈む。
	七日	上弦の月 じょうげんのつき	ちょうど右半分の月。弓張り月ともいわれる。 日没前の夕方頃から南の空で見え始める。
	十三日	十三夜 じゅうさんや	満月の 2 日前の月。 満月の次に美しいといわれている。
	十四日	待宵月 まちよいづき	満月の前日の月。
	十五日	十五夜 じゅうごや	新月から 14 日後の月。大体 15 ～ 16 日頃。 必ずしも満月になるわけではない。
	十五日 ～十七日	望 ぼう	満月
	十六日	十六夜 いざよい	十五夜の翌日の月。満月より出るのが遅いので「いざよい」（ためらいがち）と呼ばれている。
	十七日	立待月 たちまちづき	十五夜の 2 日後の月。日没後立って待てる頃合いに月の出があるところからこう呼ばれている。
	十八日	居待月 いまちづき	十五夜の 3 日後の月。さらに月の出が遅くなり、「しばらくしてゆっくり待つうちに出る」との意。
	十九日	寝待月 ねまちづき	十五夜の 4 日後の月。「月が出るのを待っていたらつい寝てしまった」の意。20 時から 21 時頃。
	二十日	更待月 ふけまちつき	「夜の更けた頃まで待たないと出ない」の意。 22 時頃。
	二十三日	下弦の月 かげんのつき	二十三夜。ちょうど左半分の月。 真夜中に出る。下つ弓張りともいう。
	二十六日	二十六夜 にじゅうろくや	逆向きの三日月。早朝 3 時頃に出る。この月が昇るところを見ると、月の中に阿弥陀三尊が見えるといわれている。
	二十九日 または三十日	晦日 みそか	「つごもり」（つきがこもる）ともいう。 肉眼で見ることはできない。

1 自然とくらしを知ろう

季節の花 フヨウ（芙蓉）／ダリア／ヒガンバナ／カラスウリの花／ワレモコウ*

＊「山裾の　ありなしの日や　吾亦紅《われもこう》」（飯田蛇笏《だこつ》）

収穫 ツルアリインゲン／サツマイモ／ブドウ／ナシ

秋の七草を見つけて、名前をおぼえよう

秋の七草の覚え方

・大きな袴《はかま》はく

・おすきなふくは

・ハスキーなおふくろ　など

クズ

ナデシコ

ススキ（オバナ）

キキョウ

ハギ

フジバカマ

オミナエシ

秋には、七草のほかにも、情緒をかもし出す野の花を随所に見ることができます。子どもたちと立ち止まって、静かに味わってみましょう。

いろいろな種を観察しよう

フウセンカズラの実と種

ゴーヤの実と種

ジュズダマ（イネ科の多年草）の実

ソバの実とソバ粉

秋に鳴く虫を探そう

虫は羽をこすり合わせて音を出します。

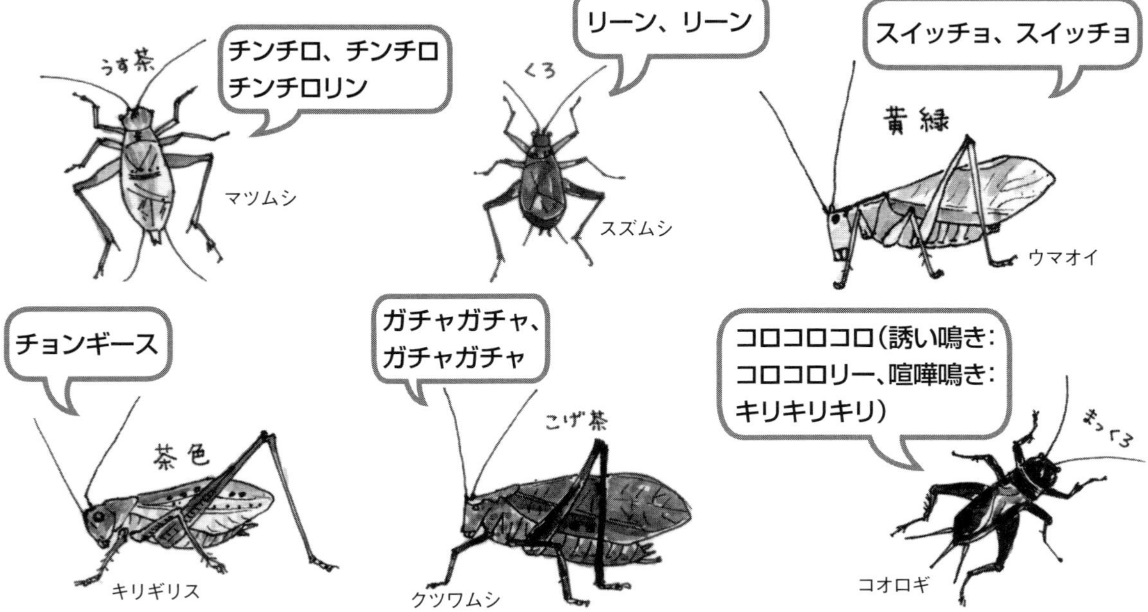

サトイモを観察しよう

一つの親芋が、たくさんの小芋をつけます。五穀豊穣や子孫繁栄を願って、お月見のお供えやおめでたい正月のおせち料理にもサトイモが使われてきました。

敬老の日のお祝いをしよう

敬老の日は、多年にわたって社会に尽くしてきた高齢者を敬愛し、長寿を祝う国民の祝日です。長寿のお祝いには次のような節目があり、今も大切にされています。

年　齢	六十歳	七十歳	七十七歳	八十歳	八十八歳	九十歳	九十九歳	百歳
お祝い	還暦《かんれき》	古希《こき》	喜寿《きじゅ》（㐂寿）	傘寿《さんじゅ》（仐寿）	米寿《べいじゅ》	卒寿《そつじゅ》（卆寿）	白寿《はくじゅ》	百寿《ひゃくじゅ》

2 自然に親しんで遊ぼう

クズの葉っぱや柄で遊ぼう

クズ
葉っぱをたたいて鳴らす
かるくにぎって
葉をのせ
指で
くぼ
ませる
くぼみの
うえを
手の平で
強く
たたく
ポンッ
虫かご
2本は虫のだしスれ
のために
長くしよう。
とうがん
でも
できるよ
たねを出したら、たけひごをさす

＊大豆の柄でもつくってみよう

草花で遊ぼう

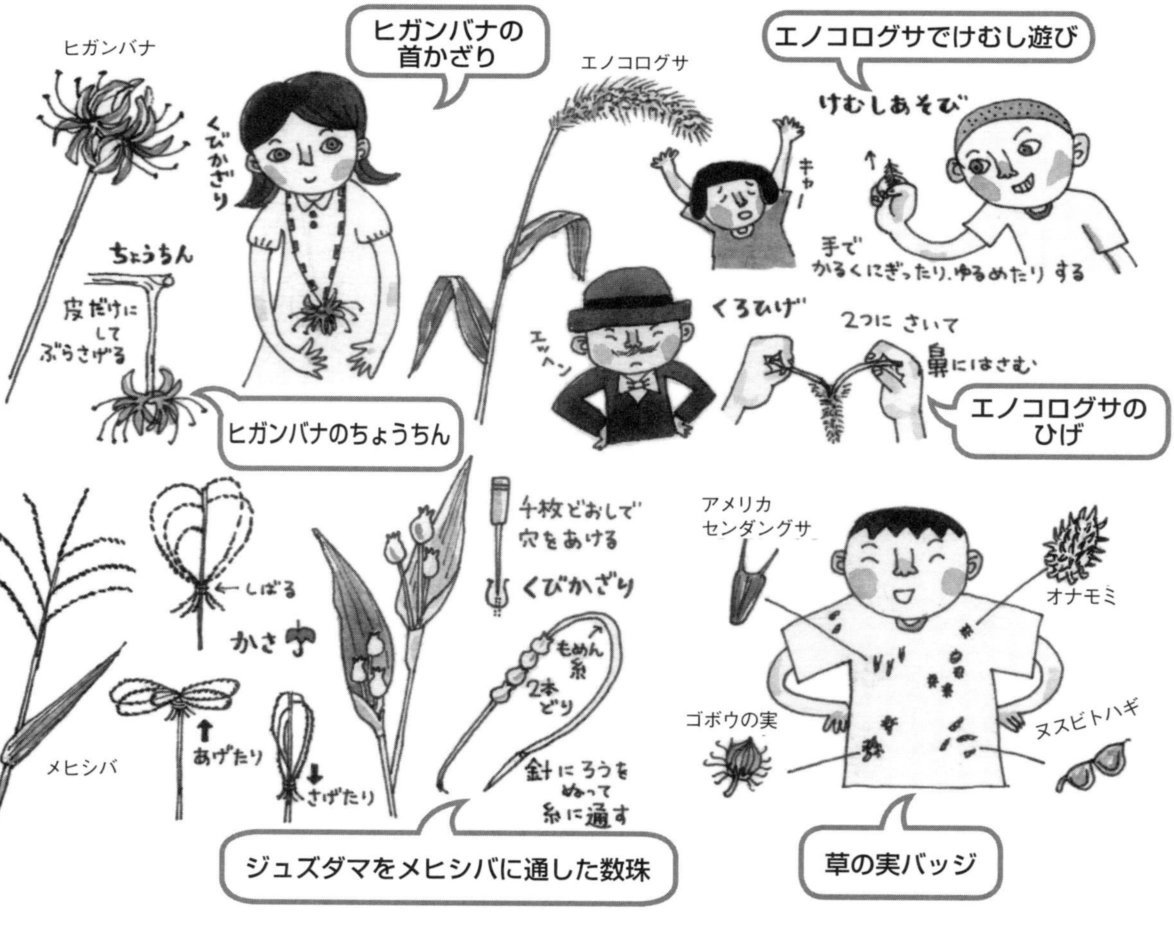

ヒガンバナ
ヒガンバナの首かざり
くびかざり
ちょうちん
皮だけに
して
ぶらさげる
ヒガンバナのちょうちん
エノコログサ
エノコログサでけむし遊び
けむしあそび
キャー
手で
かるくにぎったり、ゆるめたりする
エッヘン
くろひげ
2つに さいて
鼻にはさむ
エノコログサのひげ
しばる
かさ
あげたり
さげたり
メヒシバ
千枚どおしで
穴をあける
くびかざり
もめん
糸
2本
どり
針にろうを
ぬって
糸に通す
ジュズダマをメヒシバに通した数珠
アメリカ
センダングサ
オナモミ
ゴボウの実
ヌスビトハギ
草の実バッジ

3 自然に働きかけてつくり出そう

敬老の日のプレゼントをつくろう

①トクサ（木賊）で割りばしを磨いてマイはしをつくってみましょう

とくさでわりばしをみがいて
マイはしをつくろう！

トクサ

くきでみがくと
ツルツルになるよ
ゴシゴシ

②旬のヨウシュヤマゴボウをつぶして出る汁に少量の水を加えた染色液に、和紙を浸して染め、はし入れや財布をつくってみましょう。

ヨウシュヤマゴボウ

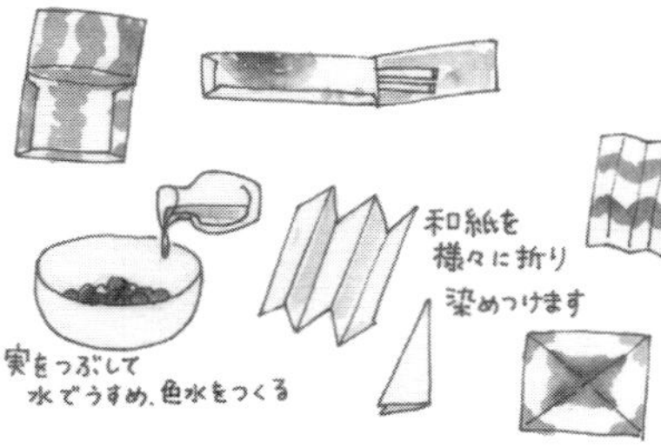
実をつぶして
水でうすめ、色水をつくる
和紙を
様々に折り
染めつけます

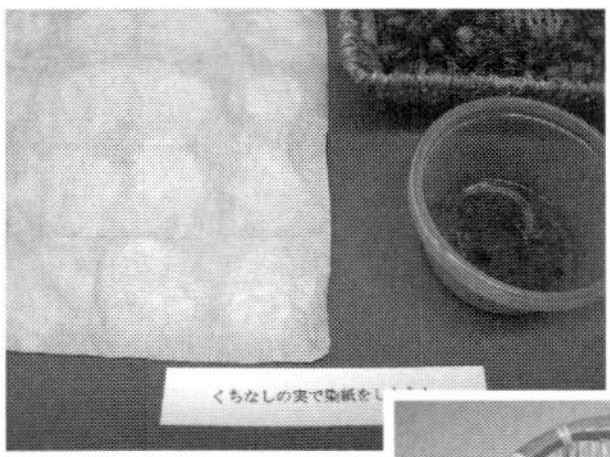

クチナシの実
冬にとれるクチナシの実でも同じように染めものができます。

野菜チップスをつくろう

かぼちゃ、にんじん、さつまいも、りんごなどを電子レンジで加熱するとおいしい野菜チップスができあがります。

チン
かんたん
おいしい

▶ 121ページのレシピ参照

いろいろな粉でつくろう

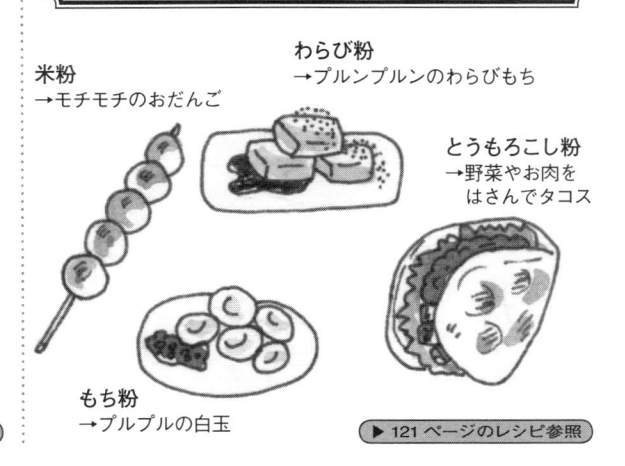

米粉
→モチモチのおだんご

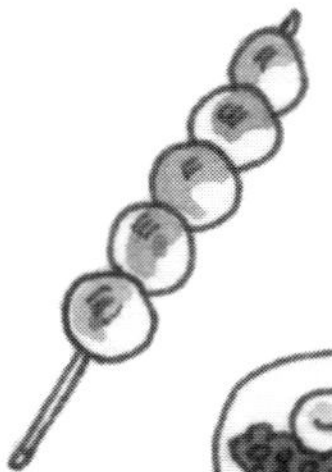

わらび粉
→プルンプルンのわらびもち

とうもろこし粉
→野菜やお肉をはさんでタコス

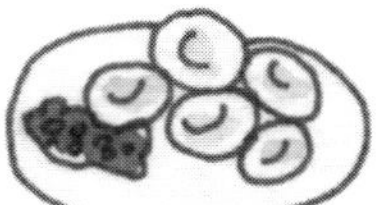

もち粉
→プルプルの白玉

▶ 121ページのレシピ参照

10月

神無月（かんなづき）

解説

陰暦 10 月の異称。「神々が出雲大社へ集まり国々は神なしの月になる」という意味です。

各国の読み方

英語：October（オクトーバー）
中国語：十月（シー ユエ）
韓国語：시월（ユウォル）
フランス語：octobre（オクトーブル）
ポルトガル語：outubroo（オウトウブロ）

1 日	衣替え	夏服から冬服に替える日です。冬服から夏服への衣替えは６月１日です。
2 日		
3 日		
4 日		
5 日		
6 日		
7 日		
8 日	寒《かん》露《ろ》	【8 日頃】太陽黄経が 195 度の時で、「初秋から晩秋にかけて野草に冷たい露が宿る頃」という意味です。朝露をふむと一段と冷たく、秋の深まりを感じるようになります。また、穀物の収穫が始まります。
9 日		
10 日	スポーツの日	【第 2 月曜日】1964（昭 39）年 10 月 10 日に東京で第 18 回オリンピック大会が開かれました。そのことを記念して、1966（昭 41）年からこの日を「体育の日」と定め「国民の健康な心身を培う」という主旨で「国民の祝日」に定められました。2000 年の法改正によって第二月曜を体育の日と定めました。2020 年よりスポーツの日に改称されました。
11 日		
12 日		
13 日		
14 日		
15 日		

稲刈り

日本で稲作がはじまったのは、はるか 2000 年前といわれています。

日本人にとって稲から取れるお米は、いのちと生活を支える大切な作物として重宝されてきました。そのため、多くの日本の文化行事は、この稲作と深い関係を持っています。

「米」という字は「八十八回の手間をかける」という意味があるといわれています。

春

田植えの頃……今年の豊作を祈る。

・**春祭り**――稲が豊かに実るよう神様に願う

・**田植え神事やさなぶり（お供え）**――いよいよ田植えの５月になると、各地の神社で田植え神事という行事をします。田植えが終わると、田のあぜに赤飯や酒をお供えします。

さなぶり

夏

収穫を待つ頃……虫害や台風などから、稲を守る。

・**虫送り**――稲などに虫がつかないように追い払う行事。

・**八朔《はっさく》や風祭り**――八朔（旧暦８月１日、新暦では９月の初め頃）など稲の収穫前に神様に豊作をお願いする行事や、風祭りなど台風が来ないことを祈る行事などがあります。

虫送り

秋

収穫の頃……神様に感謝する

・**秋祭り**――豊作を神様に感謝する秋祭りが各地で行われます。

・**新嘗祭《にいなめさい》・亥《い》の子の祝い**――無事に稲刈りができたことに感謝し神様に新米を供えます。

お米のお供え

冬

田植えの準備をする頃……神様に豊作を祈る

・**正月**――正月に年神様をお迎えし、今年の豊作をお願いします。

・**田遊び**――稲を収穫するまでを能や狂言で演じ、豊作を願うおもしろい行事です。

16 日		
17 日		
18 日		
19 日		
20 日		
21 日		
22 日		
23 日	霜降《そうこう》	【23 日頃】太陽黄経が 210 度の時で、「霜が降りる頃」という意味です。秋も一段と深まり、所によっては早朝に霜が見られるようになります。また、紅葉も一段と美しさを増してきます。
24 日		
25 日		
26 日		
27 日	読書週間 （～ 11 月 9 日）	「読書の秋」ともいわれるように、この時期ならではの「読書週間」は 1947 年 11 月 17 日に開催されました。これが好評だったため翌年から、文化の日を中心にした 2 週間に延長され、年を重ねるごとに全国規模となっていきました。現在では、読後感想文コンクール、読み聞かせの会、古本市など多くのイベントが行われています。
28 日		
29 日		
30 日		
31 日	ハロウィン	古代ケルト人のカレンダーでは、10 月 31 日が大晦日で、この夜には精霊が飛びまわり、先祖の霊が家に帰ってくるとされていました。この祭りがキリスト教に取り込まれて、キリスト教の祝日であるすべての聖人をお祝いする「万聖節」11 月 1 日の前夜祭となりました。19 世紀にアメリカにわたり、子どもたちが仮装をして悪霊を驚かせたり、霊が迷わないようにかぼちゃでつくった「ジャック・オ・ランタン」を飾るようになりました。 子どもたちは「トリック・オア・トリート（お菓子をくれなきゃいたずらするぞ！）」と近所をまわり、大人は「ハッピー・ハロウィン！」といってお菓子をあげます。もらったお菓子を集めてハロウィン・パーティーを開くなど、子どもたちにとって楽しみなお祭りになっています。

秋の星座を見よう

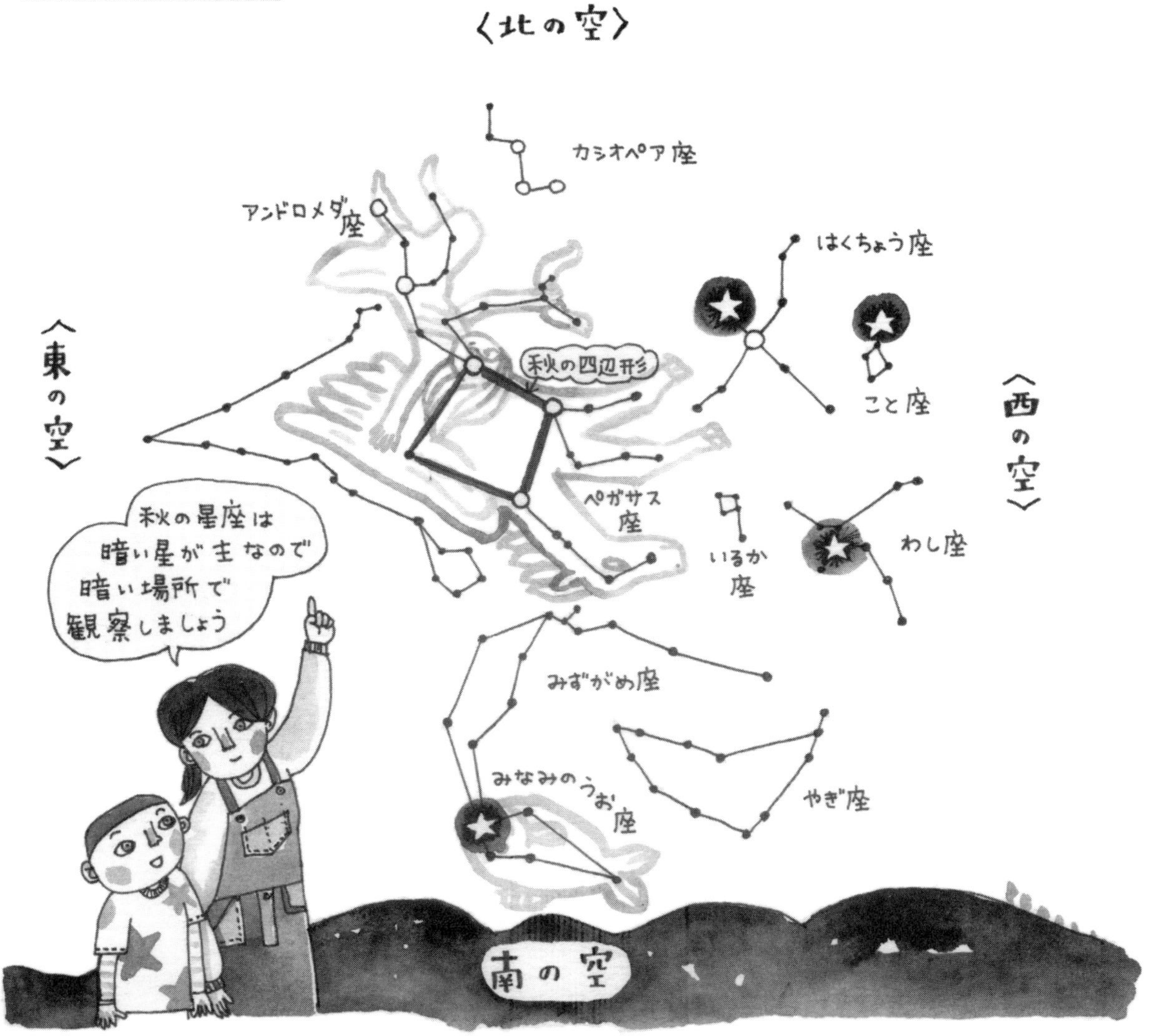
〈北の空〉
カシオペア座
アンドロメダ座
はくちょう座
〈東の空〉
秋の四辺形
こと座
〈西の空〉
ペガサス座
いるか座
わし座
秋の星座は暗い星が主なので暗い場所で観察しましょう
みずがめ座
みなみのうお座
やぎ座
南の空

もみじ狩り

「狩り」ということばは、本来動物をつかまえるという意味ですが、イチゴ狩りや梨狩りのように、果物や草花などを探して楽しむときにも使われます。

紅葉、黄葉、茶褐色葉を見つけましょう。

モミジの紅葉（紅色はアントシアニン）

イチョウの黄葉（黄色はカロチノイド）

クヌギの茶葉（茶色はブロバフエン）

1 自然とくらしを知ろう

季節の花 コスモス／ケイトウ／キンモクセイ

収穫 ラッカセイ（落花生）／コメ／ソバ／カキ（柿）
クリ（栗）／アケビ

サツマイモを収穫しよう

根と茎と実のようすを観察してみましょう。

サツマイモの葉と茎と実

サツマイモの花

手作業による稲刈り、稲架（はさかけ、乾燥作業）、脱穀、精米を体験しよう

稲刈り

はさかけ

わらともみにわかれる
くるくる まわるよ

トントン

石うすで精米。
もみやぬかがとれて
食べられるお米に
なる

米糠《ぬか》の用途を知ろう

つけものをつける

ぬか床は大事にね
おいしい ぬか漬け

そうじで使う

ろうか ピカ ピカ
ふくろに入れて
廊下や家具磨き

ブドウ狩り、梨狩り、柿狩り、ミカン狩り、リンゴ狩りなどを体験しよう

果物は、実を持って少しつけ根をひねると上手にもげます。

高い柿の木は、竿の先を割り、枝を挟んでひねってもぎます。

ブドウの表面の白い粉のようなものは、ブドウ自身が出すロウです。雨や虫から自らを守っています。

ブドウの種類を調べて比べてみよう

赤い皮……甲斐路、安芸クイーン など
黒い皮……巨峰、ピオーネ など
緑の皮……マスカット・オブ・アレキサンドリア、ロザリオ・ビアンコ など

ナシの種類を調べて比べてみよう

日本梨（シャリシャリした食感）
・赤梨系……幸水、豊水 など
・青梨系……二十世紀 など
西洋梨（ネットリした食感）

カキの種類を調べて比べてみよう

渋柿……平核無、刀根早生、
不完全甘柿……禅寺丸、筆柿、黒柿、
完全甘柿……次郎柿、富有柿 など

ミカンの種類を調べて比べてみよう

ミカン類……温州ミカン、マンダリンオレンジ など
オレンジ類……バレンシアオレンジ、ネーブルオレンジ など
グレープフルーツ類……グレープフルーツ など
香酸柑橘類……ユズ、スダチ、レモン など
雑柑類……ナツミカン、ハッサク、デコポン など

リンゴの種類を調べて比べてみよう

ふじ、つがる、王林、ジョナゴールド など
（それぞれの日本での作付面積は、52％、14％、９％、８％）

栗拾いを体験しよう

クリのいがは鋭く痛いので、履物、軍手、いがぐりを挟むもの、クリを入れるかご、上から落ちてくることも多いので帽子も用意します。

落花生を収穫しよう

根・実・茎・葉のようすを観察してみましょう。花が咲き終わると、子房の柄が地中にもぐり、繭状《まゆじょう》の莢《きょう》花《か》を結びます。油分が豊富で、食用にしたり、油を採るために使われます。

2 自然に親しんで遊ぼう

コスモスの花で遊ぼう

コスモスは、ギリシャ語で「飾り・美しい」という意味があります（英語：宇宙、秩序。ロシア語：宇宙、世界）。

プロペラ
プロペラ
1枚おきに
ちぎって
高いところ
から
おとす
かんざし
まつの葉にはさむ

草花の種で遊ぼう

オシロイバナ

種をわる
白い粉
おけしょう
したり

フウセンカズラ

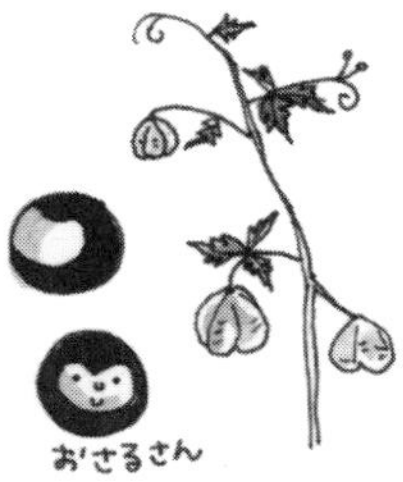
おさるさん

オナモミ

トゲトゲ!!
えいっ

ぶつけっこをしたり、飾りにして遊ぼう

木の実で遊ぼう

コンクリートで こすって
穴を
あける
くぎやようじで
中身を
ほりだす
ふえ
ふく
スプーン
ようじ
くりの
平たい
実に
ようじをさす

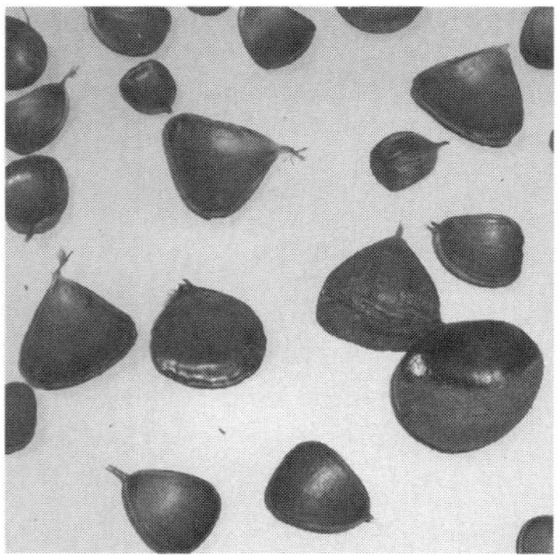

落花生を燃やしてみよう

皮をむいた落花生１粒に針金をまきつけ、アルコールランプなどで火をつけます。
おどろくほど長くはげしく燃えます。

3 自然に働きかけてつくり出そう

お米の種類を観察して、比べてみよう

イネ：うるち米（もみ、玄米、胚芽米、精白米）
　もち米、古代米（赤米、黒米）

ムギ：コムギ、オオムギ、エンバク（オートムギ）

もち米
白米
胚芽米

もちごめ
げんまい
はくまい
はいがまい

玄米
赤米
黒米

豆類を観察して、比べてみよう

大豆　うずら豆　黒豆

小豆　金時豆　紫花豆

植物の種から油が出るのをたしかめてみよう

植物の種をすりつぶし、２つに折りたたんだ紙にはさんで、上からこすると紙に油がにじみます。

ヒマワリ
ゴマ
ナタネ
ゴリゴリ
紙に油をにじませてみよう

いろいろな油を比べてみよう

植物油には、いろいろな種類があり、バランス良く摂ることが大事です。

リノール酸が多い油：ベニバナ油・メンジツ（綿の実）油・大豆油・コーン油

オレイン酸が多い油：オリーブ油・ナタネ油

リノール酸もオレイン酸も多い油：コメ油・ピーナッツ油・ゴマ油

リノレイン酸が多い油：シソ油

11月

霜月（しもつき）

解説

陰暦 11 月の異称。「霜の降る月」という意味です。

各国の読み方

英語：November（ノウベンバー）
中国語：十一月（シーイー ユエ ）
韓国語：십일월（シビロル）
フランス語：novembre（ノヴァンブル）
ポルトガル語：novembro（ノヴェンブロ）

1 日		
2 日		
3 日	文化の日	1946（昭 21）年のこの日、国民主権・基本的人権・平和主義を宣言した新憲法・日本国憲法が公布されました。それを記念して、1948（昭 23）年に「自由と平和を愛し、文化を勧める」という主旨で、「文化の日」として国民の祝日と定められました。
4 日		
5 日		
6 日		
7 日	立冬《りっとう》	【7 日頃】太陽黄経が 225 度の時で、「冬の気が立ち始める頃」という意味です。太陽の光も弱く、昼の長さが目立って短くなり、朝夕は寒さが増して冬らしくなってきます。また、木枯らしが吹くこともあります。
8 日		
9 日		
10 日		
11 日		
12 日		
13 日	亥《い》の日	【13 日頃】多産の亥《いのしし》にちなんだ祝いの日。この日は亥の子餅を食べ、家族の健康と子孫繁栄を祈ります。無事に稲刈りができたことを感謝する日ともなっています。 亥の子餅は、白・赤・黄・ゴマ・栗の 5 色でつくるなど、土地の特色が示されます。
14 日		
15 日	七五三	子どもの成長を祝う行事です。

今、世界でも注目されている「日本国憲法」の前文を改めて読んでみよう

日本国民は、正当に選挙された国会における代表者を通じて行動し、われらとわれらの子孫のために、諸国民との協和による成果と、わが国全土にわたって自由のもたらす恵沢を確保し、政府の行為によって再び戦争の惨禍が起こることのないようにすることを決意し、ここに主権が国民に存することを宣言し、この憲法を確定する。そもそも国政は、国民の厳粛な信託によるものであって、その権威は国民に由来し、その権力は国民の代表者がこれを行使し、その福利は国民がこれを享受する。これは人類普遍の原理であり、この憲法はかかる原理に基くものである。われらは、これに反する一切の憲法、法令及び詔勅《ちょくれい》を排除する。

日本国民は、恒久の平和を念願し、人間相互の関係を支配する崇高な理想を深く自覚するのであって、平和を愛する諸国民の公正と信義に信頼して、われらの安全と生存を保持しようと決意した。われらは、平和を維持し、専制と隷従《れいじゅう》、圧迫と偏狭《へんきょう》を地上から永遠に除去しようと努めてゐる国際社会において、名誉ある地位を占めたいと思ふ。われらは、全世界の国民が、ひとしく恐怖と欠乏から免かれ、平和のうちに生存する権利を有することを確認する。

われらは、いづれの国家も、自国のことのみに専念して他国を無視してはならないのであって、政治道徳の法則は、普遍的なものであり、この法則に従ふことは、自国の主権を維持し、他国と対等関係に立たうとする各国の責務であると信ずる。

日本国民は、国家の名誉にかけ、全力をあげてこの崇高な理想と目的を達成することを誓ふ。

（1946年11月3日公布）

七五三

子どもの発育を喜び、なおいっそうの成長を願うという親心から始まった行事だといわれています。昔の赤ん坊は、男女ともたいてい頭を青くそっていて、3歳になると、もう赤ん坊ではないという意味で「髪置《かみおき》」とよぶ祝いをしました。

次に男の子は5歳になった時、初めて袴をはいて「袴着《はかまぎ》」という祝いをしました。また、女の子は7歳になった時、それまでのひも付きの着物に変わって帯をしめ「帯解《おびとき》」という祝いをしました。

このようにして、幼児はようやく一人前の子どもになったのです。その風習が残っていて、近年では全国的な行事になっているようですが、もともとは、日本の農村から生まれてきた風習だといわれています。

16日		
17日		
18日		
19日		
20日	世界子どもの日	1954年国連によって制定されました。そして次のように発展します。 1959年11月20日　「子どもの権利宣言」国連総会採択。 1989年11月20日　国連条約「子どもの権利条約」国連総会採択。
21日		
22日	小雪《しょうせつ》	【22日頃】太陽黄経が240度の時で、「雪が降ってもまだわずかである」という意味です。この頃になると、木々の葉は落ち、寒さを感じるようになります。また、北の国からは、初霜の便りが届くようになります。
23日	勤労感謝の日	戦前の新嘗祭《にいなめさい》の日付をそのまま「勤労感謝の日」に改めたものです。「勤労をたっとび、生産を祝い、国民互いに感謝しあう日」という趣旨で、1948（昭23）年に国民の祝日に定められました。以前この日には、新嘗祭が開かれ、新穀へ感謝していました。また、アメリカには、サンクス・ギビング・デーという感謝祭があり、日本と同じ意味の祝日になっています。
24日		
25日		
26日		
27日		
28日	酉《とり》の市	11月のこの頃、酉の日に行われる祭礼です。商売繁盛や開運を願う祭りで、くま手を売る露店が並びます。
29日		
30日		

COLUMN 木枯らし

秋から初冬にかけて吹く強くて冷たい風のことで、この風が吹くと落葉樹の葉が散って木は枯れたような姿になります。農家では大根干しや干し柿の風景が見られます。

子どもの祝いごと

昔から、子どもの成長を祝い、健康を祈る行事は、家族や地域の人びとの間にしっかりと根付いてきました。厳しい農作業なども協力によって乗り切ってきたように、子育ても力を合わせて支え合い、節目を祝い合ってきた歴史を見ることができます。中部地方には、「人《ひと》成《な》る」という言葉があります。「一人前になる」という意味で、今も使われています。

帯祝い

〈1の節目〉

赤ちゃんが無事に誕生することを祈って行われる儀式です。　犬が多産でお産が軽いことにあやかって、妊娠5か月の「戌の日」に実家から帯用の白木綿・米・小豆などが届き、祝いでは「帯役」と呼ばれる夫婦や家族など親しい人たちと赤飯を食べます。妊婦は「岩田帯」という腹巻を巻いて、胎児を保護します。

お七夜

〈2の節目〉

赤ちゃんが生まれて7日目の夜に、健やかな成長を祈る行事です。

この日名前も披露し、奉書紙に書いて神棚や床の間などに飾ります。

お宮参り

〈3の節目〉

土地の氏神様にお参りして新しい氏子として認めてもらうための儀式です。

女の子が生後33日目、男の子が32日目にお参りするところが多いですが、7日目から100日目とさまざまです。

お食い初め

〈4の節目〉

平安時代から続いているとされるお食い初めの儀式は、赤ちゃんに初めてご飯を食べさせるお祝いで、生後100日目か120日目に行うのが一般的です。赤ちゃんが一生食べ物に困ることのないようにと願いをこめた儀式では、お祝いの膳が用意され、祖父母など親族の年長者が「養い親」となって作法どおりに行います。

七五三

〈5の節目〉

3歳、5歳、7歳という節目ごとに、無事に育ってくれたことを神様に感謝し、今後の健康と幸せを願います。とくに7歳の祝いは、無事に育ったことと社会の一員に加わったという大事な意味がありました。

十三参り

〈6の節目〉

数え年13歳の少年、少女が「虚空蔵《こくうぞう》菩薩《ぼさつ》」に智恵と健康を授けてもらうためにお参りをするもので、関西を中心に江戸時代から始まったとされています。

この年頃は、心身ともに子どもから大人へと移り変わる時でもあり、最初の厄年に当たるという考えから、厄除けとしても伝えられました。

1 自然とくらしを知ろう

季節の花　キク／エゾリンドウ／サザンカ／ヒイラギ

収穫　サトイモ／ギンナン／クルミ／トチ／ミカン／リンゴ

クルミの実の変化を知ろう

クルミの実
緑色の皮に包まれた状態で房になって木になる。

クルミの実の変化
熟した黄色い皮つきの実を土中に埋めて外皮を腐らせて除去すると、中から硬い殻に包まれた実が現れる。

トチの花と実の変化を知ろう

トチの花
5～6月、葉の間から穂状の花序が顔を出す。

トチの実の変化
丸い果実が熟すと、厚い果皮が割れて少数の種子を落とす。大きさ、ツヤ、形ともに、クリのとんがりをなくして丸くしたようなもの。

ツバキの花と実の変化を知ろう

ツバキの花は合弁花で、ポロリと散ります。花のあとに丸い実がなります。実が割れると油分を含んでツヤツヤとした種が３～４個出てきます。

ツバキの花

ツバキの実

ツバキの種

サザンカとツバキを比べてみよう

サザンカ——秋の終わりから冬にかけて咲きます。散る時、花びらは１枚１枚ぱらぱらと散ります。
ツバキ——冬から春の初めにかけて咲きます。散る時は、花が丸ごとぽったりと落ちます。

いろいろなドングリを探そう

コナラ

クヌギ

マツボックリの不思議を知ろう

乾くと開いて笠の間から種を飛ばします。

湿ると笠を閉じます。

閉じたマツボックリをペットボトルに入れておくと、乾いて開いた時に、子どもたちはどのように入れたのか不思議がります。

マツボックリの他、ヒノキ、スギ、メタセコイアなどいろいろなぼっくり（針葉樹・裸子植物の実）を探そう

カラマツボックリ

スギボックリ

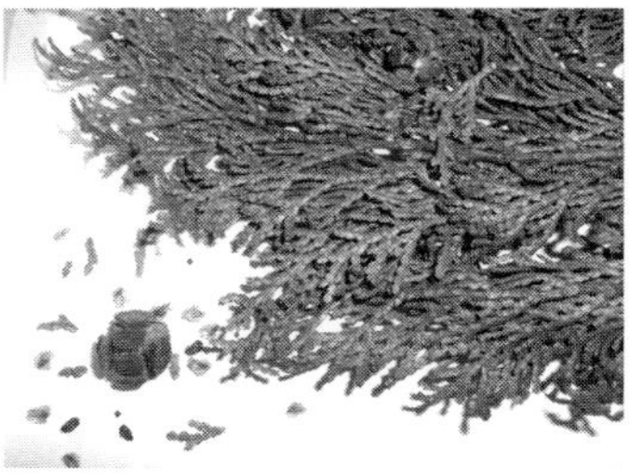

ヒノキボックリと種

メタセコイアボックリ

2 自然に親しんで遊ぼう

落ち葉を拾って落ち葉アートを楽しもう

身近に落ちている葉っぱには、モミジの紅い落ち葉、イチョウの黄色い落ち葉、クリの茶色い落ち葉などがあります。

いろいろなドングリを集めてつくろう

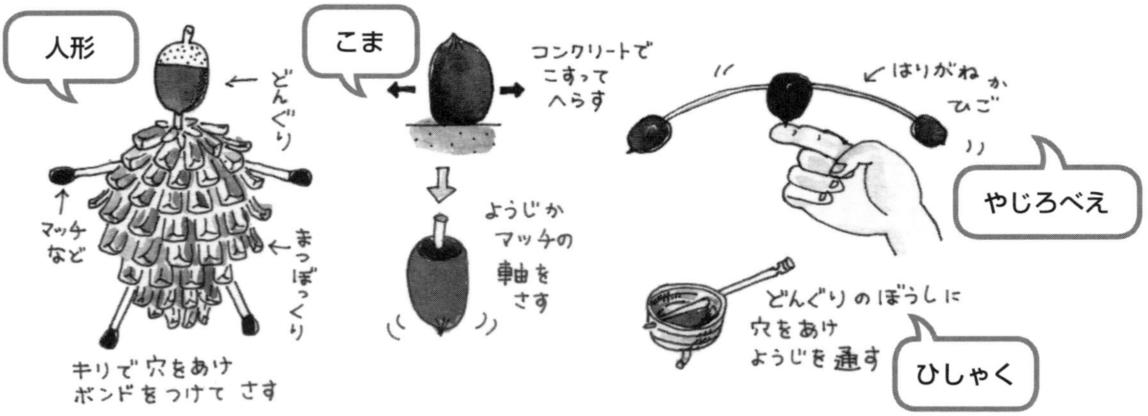

ドングリやボックリでフォトフレームをつくろう

小さなスギボックリは、やわらかいので、スギてっぽうの玉にも使って遊びます。

ドングリやマツボックリは、長雨にさらされると、痛みやすくなるので、秋から翌年の4月頃までに採集しておきます。

木の実の炭をつくり飾りにしてみよう

柿の葉かへた・栗のいが・マツボックリ・椿の実・ドングリなどを缶に入れ、空気が入らないように針金でとめ、蒸し焼きすると、黒光りのするそのままの形の炭ができます。

3 自然に働きかけてつくり出そう

大豆でとうふをつくろう

とうふは水に浸した大豆から出る豆乳からつくります。市販の豆乳からもかんたんにつくることができます。

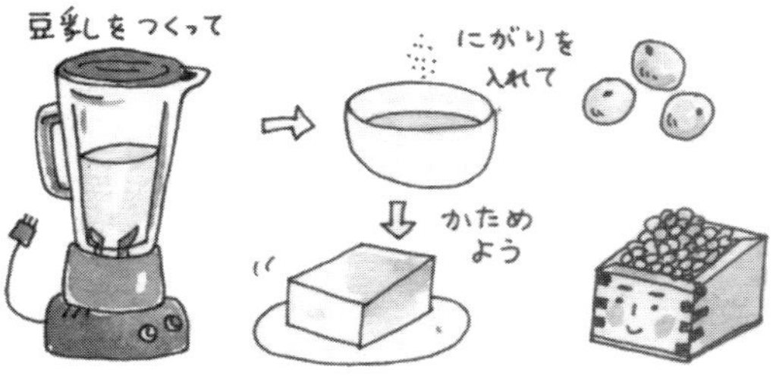

【材料：無調整豆乳 200mL、にがり 小さじ 2】

①無調整豆乳に、にがりを入れ静かに混ぜる。
②混ぜた豆乳を電子レンジ（500W）に 1 分 30 秒かけて、様子を見る。
③まだ固まっていない場合は、さらに 1 分ほどあたためて固める。
④固まっていればできあがり！

野菜スタンプで遊ぼう

クチナシやヨウシュヤマゴボウをつぶして水で溶き、オクラ、ピーマン、ハスなどの輪切りで和紙にスタンピングして、お財布やマイはし入れをつくってみましょう。

サツマイモでいろいろな料理を楽しもう

ふかし芋

ホットプレート焼き

スイート・ポテト

茶巾絞り

大学芋

▶ 121 ページのレシピ参照

焼き芋

もみがら焼き
落ち葉焼き
新聞紙を濡らして、芋を包み、焼く

冬のうた

けしきのうた

北風《きたかぜ》小僧《こぞう》の寒太郎《かんたろう》

井出隆夫作詞、福田和禾子作曲

きたかぜこぞうの　かんたろう
ことしも　まちまで　やってきた
ヒューン　ヒューン
ヒュルルン　ルンルンルン
ふゆで　ございす
ヒュル　ルル　ルルルン

きたかぜこぞうの　かんたろう
くちぶえ　ふきふき　ひとりたび
ヒューン　ヒューン
ヒュルルン　ルンルンルン
さむう　ございす
ヒュル　ルル　ルルルン

きたかぜこぞうの　かんたろう
でんしんばしらも　ないている
ヒューン　ヒューン
ヒュルルン
ルンルンルン
ゆきで　ございす
ヒュル　ルル
ルルルン

草花のうた

たきび

巽聖歌作詞、渡辺茂作曲

かきねの　かきねの
まがりかど
たきびだ　たきびだ
おちばたき
あたろうか　あたろうよ
きたかぜ　ピープー
ふいて　いる

さざんか　さざんか
さいた　みち
たきびだ　たきびだ
おちばたき
あたろうか　あたろうよ
しもやけ　おててが
もう　かゆい

こがらし　こがらし
さむい　みち
たきびだ　たきびだ
おちばたき
あたろうか　あたろうよ
そうだんしながら
あるいてく

いきもののうた

小ぎつね

エルンスト・アンシュッツ作詞作曲、勝承夫訳詞

こぎつね　コンコン
やまの　なか　やまの　なか
くさの　み　つぶして　おけしょうしたり
もみじの　かんざし　つげの　くし

こぎつね　コンコン
ふゆの　やま　ふゆの　やま
かれはの　きものじゃ　ぬうにも　ぬえず
きれいな　もようの　はなも　なし

こぎつね　コンコン
あなの　なか　あなの　なか
おおきな　しっぽは　じゃまには　なるし
こくびを　かしげて　かんがえる

行事のうた

おしょうがつ

東くめ作詞、滝廉太郎作曲

もういくつねると　お正月
お正月には　凧あげて
こまをまわして　遊びましょう
はやく来い来い　お正月

もういくつねると　お正月
お正月には　まりついて
おいばねついて　遊びましょう
はやく来い来い　お正月

12月

師走（しわす）

解説

陰暦十二月の異称。「年の瀬は皆忙しく、師匠でさえも（ちょこちょこ走りまわる）」という意味です。

各国の読み方

英語：December（ディセンバー）
中国語：十二月（シーアール ユエ）
韓国語：십이월（シビウォル）
フランス語：decembre（デサーンブル）
ポルトガル語：dezembro（デゼンブロ）

1日		
2日		
3日		
4日		
5日		
6日		
7日	大雪《たいせつ》	【7日頃】太陽黄経が255度の時で、「陰気（暗く晴ればれしない様子）が積もって雪になる」という意味です。ナンテンやアオキの実が赤く色づき、池や川には氷が張り、地面には霜柱が見られるようになります。また、北西の風が吹くようになり、冬将軍の到来を感じるようになります。
8日	太平洋戦争勃発	1941（昭16）年12月8日、日本は宣戦布告なしにハワイの真珠湾を奇襲し、対米戦争に突入しました。それにより戦線を太平洋全域に拡大することになり、諸国民の被害も日本国民の被害も甚大になっていきました。
	事納め	1年の締めくくり、農作業を終える日とされ、針供養を行う日でもありました。
9日		
10日		
11日		
12日		
13日	正月事始め	この日からお正月を迎える支度をします。神棚や仏壇に年神様を迎える「すす払い」の儀式を行う日とされています。
14日		
15日		

クリスマスの飾り

トップスター　イエスが生まれた時、ひときわ明るい星が現れ、東方の賢者を導いたというエピソードを表しています。

ツリー　モミの木は１年中緑色をしていることから、永遠に変わらないものを象徴します。

キャンディ・ケーン
人びとを守ってくれるといわれています。

ヒイラギ　イエスが十字架にはりつけになった時、ひいらぎの冠をつけていたことから、聖なるものとされています。赤い実は血を、緑の葉は永遠の命を象徴しています。

ベル　イエスが生まれたことを知らせるベルは、喜びの象徴です。

キャンドル　世界中を照らす、イエスの命の光を表しています。

リース　モミやヒイラギの葉と、マツボックリやリンゴなどでつくります。魔除けとともに、作物の豊作を願うためといわれています。

世界のクリスマス

イギリス

12月25日にサンタクロースがプレゼントをもってきます。クリスマスカードを贈り合って、喜びを分かち合います。アメリカや日本のクリスマスは、イギリスからの影響を受けています。

イタリア・フランス・スペイン

12月25日から１月６日までクリスマスを祝います。子どもがプレゼントをもらうのは、１月６日です。クリスマスは、家族ですごすことが多く、教会などで厳かに行われます。

オーストラリア

南半球にあるので、クリスマスの頃は夏になります。

16日		
17日		
18日		
19日		
20日		
21日		
22日	冬至《とうじ》	【22日頃】太陽黄経が270度の時で、太陽が冬至線（南回帰線上）を直射し、一年のうちで最も南に位置する日です。従って、北半球では正午の太陽の高さが最も低く日照時間も最短となります。またこの日を過ぎると、日照時間が少しずつ長くなっていくことから、中国では、この日を太陽の運行の出発点とし、暦の起点としていました。
23日		
24日	クリスマス・イヴ	サンタクロースは、4世紀頃に現在のトルコに実在したカトリックの司祭、セント・ニコラスがモデルといわれています。ニコラスは困っている人や貧しい人を助ける優しい人で、貧しい家の煙突から金貨を投げ入れたという話がもとになっています。また、その時投げ入れた金貨が、偶然、暖炉にかかっていた靴下の中に入ったといういい伝えから、今でも子どもたちはベッドに靴下をさげてプレゼントを待っているのです。
25日	クリスマス	イエス・キリストの誕生を祝う行事です。
26日		
27日		
28日	ご用納め	1873（明6）年に太陽暦が採用されましたが、その時に官庁の休日は29日から31日および、翌年1月1日から3日までと決まりました。大掃除をして新年を迎えます。
29日		
30日		
31日	大晦日《おおみそか》	31日から元旦にかけて、年神様を迎えるために、心身を清めて一晩中おきていることが習わしでした。早く寝てしまうと白髪になるとか、顔にしわが増えるなどといわれています。

年末の風習

お歳暮

始まりは、暮れから正月にかけての先祖の祭りとしての、年神様への供え物といわれています。1年の締めくくりに、日頃からお世話になっている人や、長い間会っていない人に感謝の気持ちをこめて贈る贈り物です。12月1日から25日頃までに贈るのが一般的で、年内に届けられない場合は、年が明けてから「お年賀」「寒中見舞い」とします。中元より値を下げないという作法もあります。

年の市

12月の中旬になると、おせち料理の食材、飾り物、羽子板、すごろく、福笑いなどのお正月用品や、新年に家庭用品を新しくする習わしから、箒やまな板などの日用品が売られる年の市が各地で活発に行われます。

門松

門松は、その年の年神様がおりてくる目印だといわれています。

マツに神霊がやどるとされていたため、一家の主人が山に入り、マツの木を切ってつくっていました。

餅つき

餅つきや松かざりは、25～30日に行われます。ただし、29日は「二重苦」につながるとして縁起を担いで避けることが多いようです。

杵《きね》を持つ人と手返しをする人は同じ側の位置に立ちます。そうでないとふりおろしたきねで頭を打つ危険があります。

除夜の鐘

大晦日の夜に108回鳴らされます。「108」は人間の体や心を悩ませ、苦しめ、まどわせる煩悩の数だとされています。本当は、大晦日以外の日にも108回鳴らさなくてはならないのですが、普段は8回に省略されています。

お寺では、108回を数えるのに、数珠を使ったり、豆を数えたりするそうです。

1 自然とくらしを知ろう

季節の花　ゼラニウム／シクラメン／カンボタン／カンツバキ

収穫　レタス／シュンギク／ホウレンソウ／ダイコン

雪つりのようすを観察しよう

　雪の重しで枝が折れないように縄で支える「雪つり作業」がはじまります。

風に負けずに遊ぼう

　冷たい風に負けず、かざわ、凧あげなど風遊びを楽しみましょう。

コロコロ

かざわ

ころがるのを追いかけて遊ぶおもちゃです。
風のある時に外でやってみましょう。

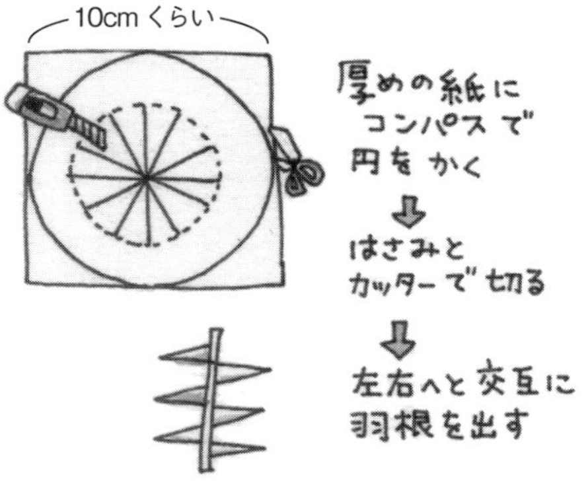
10cm くらい
厚めの紙に
コンパスで
円をかく
はさみと
カッターで切る
左右へと交互に
羽根を出す

クリスマスを楽しもう

ゆず湯に入ろう

大そうじを手伝おう

自分の身のまわりの整理をしよう

おせち料理づくりを手伝おう

年越しそばを食べよう

長いものを食べると長生きできるといわれることから、大晦日に年越しそばを食べるようになりました。

2 自然に親しんで遊ぼう

冬の草の様子を調べよう

タンポポ、オオバコ・スイバ、ナズナなどは葉をロゼット状にして地面に張りつき、太陽の光をあつめ、冷たい風を避けています。

オニユリなどは、温かい土の中に球根が残っています。

ススキなどは、土の中に根を残しています。

オシロイバナなどは秋に種をつくって枯れてしまいますが、皮に包まれた乾燥に強い種で冬を越します。種を観察してみましょう。

地面に ぺったり くっついて いるよ
タンポポのロゼット状の葉のようす

冬の生きものの様子を調べてみよう

●どこでどのようにすごしているでしょう？

――カブトムシ、セミ、コガネムシなどの幼虫は土の中で冬を越します。

――モンシロチョウ、キアゲハ、アオスジアゲハなどはサナギで冬を越します（地上ではなかなか見る事はできません）。

――キチョウ、キタテハ、オツネントンボなどは成虫で冬を越します。

――メダカは水底に沈んでいる落ち葉などの下でじっとして過ごします。

つめたい ですね〜
メダカの越冬

――カマキリのらんのうを探し、観察を続けて、幼虫が生まれるのを見よう。

――ミノムシを探して、観察してみましょう。

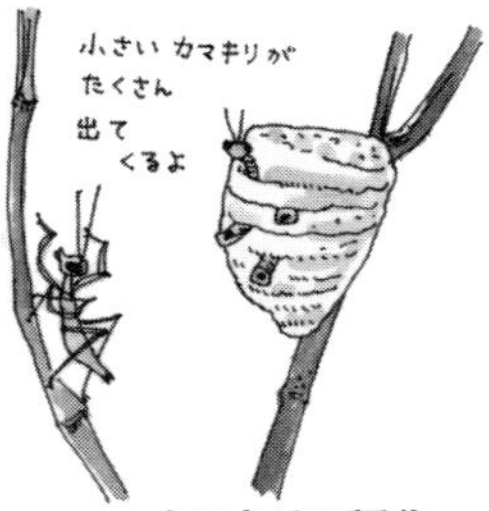
小さい カマキリが たくさん 出て くるよ
カマキリの孵化

――アメリカザリガニ、カエル、ヘビ、トカゲなどはぐっすりと冬眠しています。

――ツキノワグマは木の穴などで冬眠している間に出産します。ときどき起きて食べものを食べたり、赤ちゃんの世話をしたりします。

寒さに強い生きもの

ニホンリス、キタキツネ、テン、ノウサギ、エゾシカなどは、雪の野山で元気に少ない食べものを探しまわっています。

身近なところにも、イヌ、スズメ、ウスバフユシャク（蛾の仲間）など雪の中でも元気な生きものがいます。

3 自然に働きかけてつくり出そう

自然物だけでリースをつくろう

みつろうでつくったろうそく

お餅を食べよう

いろいろなお餅をつくろう

①もち米（1うす分 2kg）は、水が透明になるまでよく洗い、一晩、水に浸して十分に水を吸わせておく。

＊もち米 2kg で、のし餅が1枚できる。

②せいろでおよそ 20 分くらい蒸す。

③蒸し上がる前に少量の水（打ち水）を全体にパッとかける。

④もち米をうすに入れて、つく前に米粒が飛ばない程度に杵《きね》でこねる。

⑤餅をつく。杵を振り下ろす人と手返しの人との呼吸を合わせることが大切。杵が持ち上がるたびに、こねる人が手に水をつけ、餅を返す。むらなく熱いうちに手早くつき上げる。

＊つき過ぎないことがポイント！

＊こねる人は、頭を打たれないよう、振り下ろす人と同じ側でこねること。

⑥つき上がったら「とり粉」（米の粉）をまぶして好みの形にする。

＊餅を切る時は、一晩おいて、ぬれフキンで包丁をしめらせながら切ると良い。

＊つきたてを食べる場合は、あん・きなこ・しょうゆ・大根おろしの中にちぎって入れてまぶす。とり粉にまぶしてしまうとあんやきな粉がつきにくい。

年越しそばをつくろう

【材料（4人分）：そば粉 280g、小麦粉 120g、水 180 ～ 190cc】

①そば粉と小麦粉をボウルの中でよくかき混ぜる。そこに水を半分加える。

②素早くかき混ぜポロポロになるように混ぜる。

③残り半分の水を加えよくかき混ぜると、鶏そぼろのような状態になる。

④端から中へ織り込むように、ひとまとめにこね、表面の粉っぽさがなくなってつるっとしたら完了！

⑤中央に生地を集めて円すい状にまとめる。上からつぶして、打ち粉をして麺棒でのばす。薄くのびたら、四角にのばして打ち粉をして半分に折る。それを上下中央に向かって折る。

⑥上を１センチほど開けて半分に折る（下から上に折る）。

⑦後は太さをそろえて切る（この時そば専用の「包丁とこま板」があると便利）。

⑧沸騰したお湯に麺を投入し、はしで８の字を書くように混ぜて、麺が浮いてきたら 30 秒待って上げる。

⑨流水で洗い、氷水で冷やしてできあがり。

1月

睦月（むつき）

解説

陰暦１月の異称。人とむつぶ（仲良くする、馴れ親しんで心安くなる）月という意味です。

各国の読み方

英語：January（ジャヌアリー）
中国語：一月（イーユエ）
韓国語：일월（イロル）
フランス語：janvier（ジャンヴィエ）
ポルトガル語：janeiro（ジャネイロ）

1日	元日 SDGs 正式発効	新年が良い年になるように正月飾りをして迎えます。元日の朝を「元旦」と言います。SDGsは、すべての国連加盟国に普遍的に適用される、持続可能な開発のための17の目標です。各国は2016年より15年間、あらゆる形態の貧困、不平等と闘い、気候変動に対処していくことを約束しました。
2日		
3日		
4日		
5日	小寒《しょうかん》	【5日頃】太陽黄経が285度の時で、「寒の入り」とも言います。大寒（20日頃）に向って寒さが、だんだん厳しくなっていくとされています。
6日		
7日	七草の日	セリ・ナズナ・ゴギョウ・ハコベラ・ホトケノザ・スズナ（カブ）・スズシロ（ダイコン）を春の七草とよび、この日の朝、昔から食用・薬用として親しまれてきているこれらを材料にした粥《かゆ》を食し、1年の邪気を祓います。
8日		
9日		
10日		
11日	鏡開き	お供え物のおさがりを食べて神様に力をもらいます。鏡餅は「縁が切れる」ことを嫌い、刃物を使わず、手や木づちで割ります。
	成人の日	【第2月曜日】国民の祝日の1つです。満20歳に達した青年を祝い、励ます日として、以前は1月15日に行われていましたが、2000（平12）年からは、1月の第二月曜日に行うことになりました。

COLUMN 十二支の話

十二支は「子《ね》」「丑《うし》」「寅《とら》」「卯《う》」「辰《たつ》」「巳《み》」「午《うま》」「未《ひつじ》」「申《さる》」「酉《とり》」「戌《いぬ》」「亥《い》」をまとめたもので、12年で一回りする年を表しています。

時間も次のように呼んでいました。

23～翌1時を「子」、1～3時を「丑」、3～5時を「寅」、5～7時を「卯」、7～9時を「辰」、9～11時を「巳」、11～13時を「午」、13～15時を「未」、15～17時を「申」、17～19時を「酉」、19～21時を「戌」、21～23時を「亥」の刻。

中国紀元前1600年の時代からあり、日本でも平安時代初期から江戸時代までは日にちや方位にも使っていました。

正　月

正月の由来

春を１年の始まりとし、正月には春の訪れによって自然界に新しい生命が誕生することを喜び祝いました。「めでたい」という言葉は「芽が出る」からきているといわれています。

初　詣

大晦日の夜にお参りする「除夜詣」と元旦にお参りする「元旦詣」がありましたが、今の初詣は後者がもとになったといわれています。初日の出、若水、初夢、お年玉、書き初めなどのように、年が明けて、すべてが新しくなるのを喜ぶ気持ちから、「その年に初めて行う」ことが大切にされてきました。

正月飾り

注連飾《しめかざ》り　家の入り口や柱などに飾り、神様が来る神聖な場所であることを示しました。また、注連縄をはることで境をつくり、災いや悪いものの進入を防ぐともいわれています。

門松　家の門などに立てる竹や松でつくった飾り。年神様を迎える目印で、「依代《よりしろ》」という、神が天からおりてきた時に宿る場所を表すものでもありました。

鏡餅　大小二つの餅を重ね、子孫繁栄や長寿を願う昆布や橙、扇など縁起の良いものをのせています。

七福神　恵比寿、大黒天、毘沙門天、弁財天、布袋、寿老人、福禄寿の七福神が祭られている寺社に、正月に参ることを「七福神詣」といい、江戸時代には盛んに行われていました。

12日		
13日	小正月	小正月とは、元日を中心とした大正月に対して、15日を中心としてとり行われる行事です。小正月の歴史は古く、行われる行事は、①農業・生産の予祝、②厄除け、③神霊の訪問、④火祭りに大別できます。稲作・畑作に関係するのが大部分で、小正月は祖先が大切にしていた3日間です。
14日		
15日	左義長	「どんど焼き」または「どんど焼き」と呼び正月の門松や書初めなどを持ち寄って焼く行事です。その火で焼いた餅を食べると病から免れるといわれ、14日か15日に行われます。
16日		
17日		
18日		
19日		
20日	大寒《だいかん》	【20日頃】太陽黄経が300度の時で、「一年中で最も寒さの厳しい頃」とされています。この日から15日間が「寒」で、昔から寒さに耐え、心身を鍛えることをねらいとして寒稽古などをするならわしがあります。
21日		
22日	核兵器禁止条約発効	2021年1月22日発効。
23日		
24日		
25日		
26日		
27日		
28日		
29日		
30日		
31日		

冬の星座を見よう

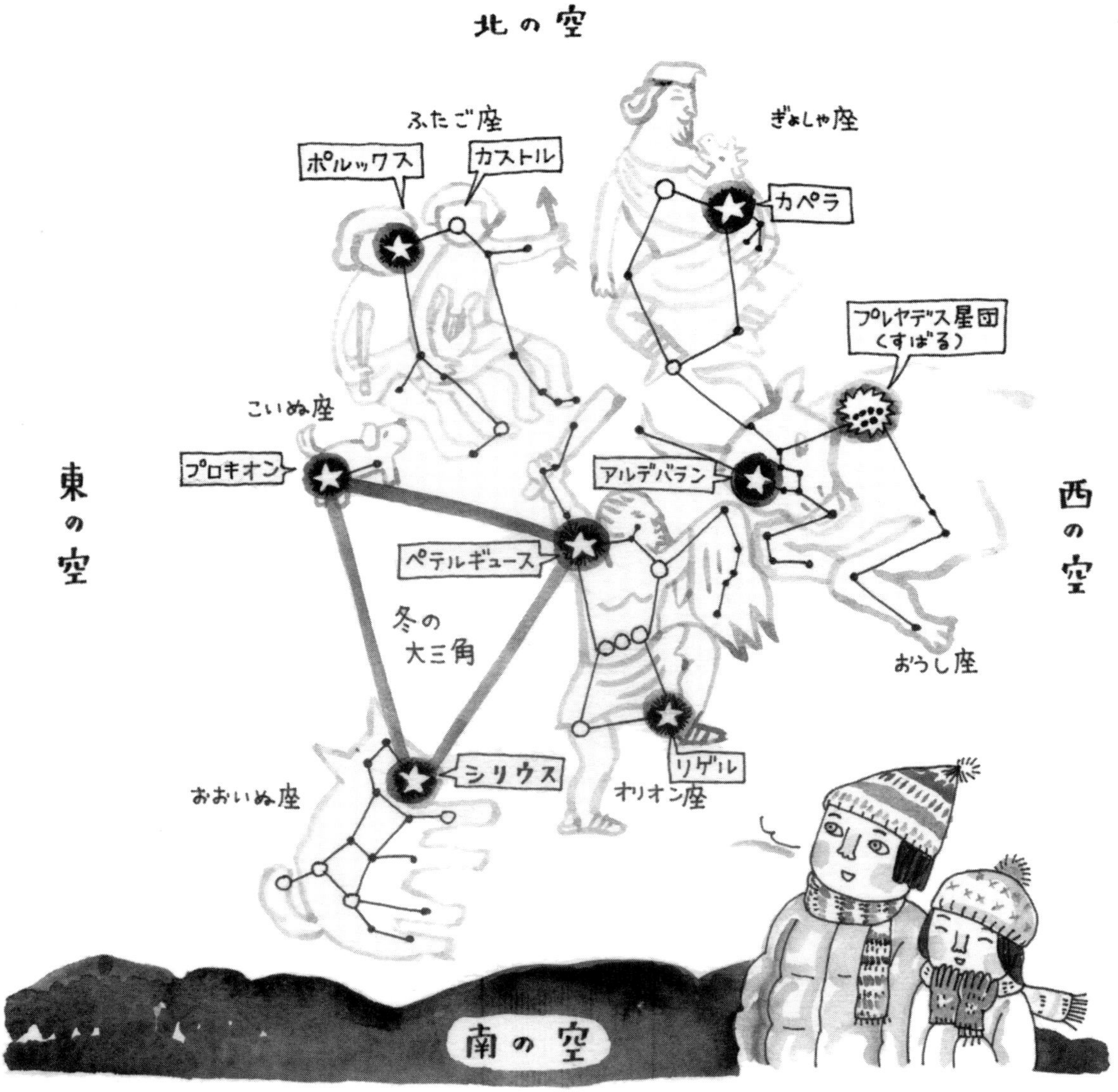

北の空
ふたご座
ポルックス
カストル
ぎょしゃ座
カペラ
プレヤデス星団
（すばる）
こいぬ座
プロキオン
アルデバラン
東の空
西の空
ペテルギュース
冬の
大三角
おうし座
シリウス
リゲル
おおいぬ座
オリオン座
南の空

小正月

小豆粥

小正月に「小豆粥《あずきがゆ》」を食べる習慣は全国的に見られます。粥は、祭りや弔いを終えて平常に戻るという意味の「解斎《げさい》」の食として、食べられます。

繭　玉

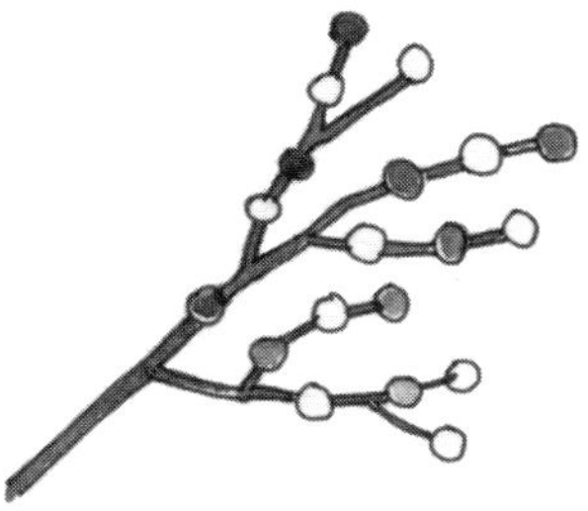

小正月には「繭《まゆ》玉」という飾り物をつくります。トチ（栃）、エノキ（榎）、ミズキ（水木）などの木の枝に、繭の形の餅やだんごをたくさん挿します。今年も繭や作物が豊かにできますようにとの願いを込めて、家中あちこちの神様に供えます。

1月20日になるとこれらを焼いて食べ、お正月も終わりとされました。

1 自然とくらしを知ろう

季節の花　サザンカ／フクジュソウ／ネコヤナギ／ロウバイ／フリージア

収穫　カブ／ニンジン／ハクサイ

おせち料理を味わおう

　おせち料理は縁起のよい食材でつくり、家が栄えることを願って家族でいただきます。

重箱の一の重

　黒豆、数の子、田作りなどの三つ肴と口取り（栗きんとん、伊達巻、紅白かまぼこなど）

重箱の二の重

　焼き物（鯛、ぶり、海老など）

重箱の三の重

　酢の物（紅白なます、酢れんこん、こはだの酢づけ）

重箱の四の重

　煮物（昆布巻き、やつがしら、さといもなど）

お雑煮を味わおう

　元日の朝にめでたくいただく雑煮は、年神様に供えた餅を、元日の朝におろして、おせち料理などと一緒に煮たのが始まりといわれています。年神様につながるお供えを食べることで強い力をつけ、1年を幸せに過ごしたいと願ったのです。

お年玉の由来

「年玉」の元の意味は、新年のめでたい気持ちを表すために目上から目下に贈るもののことです。贈る物は昔にさかのぼるほど食べ物が多く餅が主流でした。この餅には、年神様の魂が宿ると考えられておりこれを食べることで、新しい年を生き抜く力が与えられると信じられていたのです。

どんど焼き

春の七草を探そう

春の七草の覚え方

「セリ、ナズナ、ゴギョウ、ハコベラ、ホトケノザ、スズナ、スズシロ、これぞ七草」

セリ

ナズナ

ゴギョウ

ハコベラ

ホトケノザ（コオニタビラコ）

スズナ（カブ）

スズシロ（ダイコン）

いろいろな冬芽を観察しよう

モクレン（毛でおおわれている）

カキ（固く保護されている）

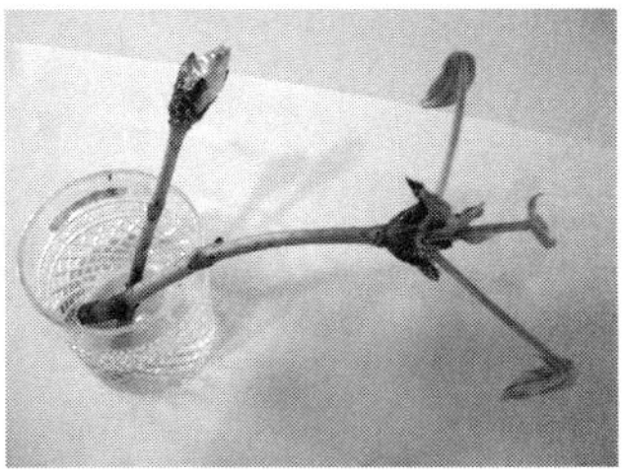

トチ（毛でおおわれている・ネバネバしている）

水辺の生き物を見よう

冬の水辺は、シベリアなど北の寒い国から飛んできた冬だけ日本ですごす鳥たちも加わってにぎやかです。

1年中日本ですごす

カルガモ、カイツブリ、オシドリ（地域による）など

冬だけ日本ですごす

オナガガモ、ヨシカモ、ハシビロガモ、キンイロハシロ、マガモ、コハクチョウなど

カモ

2 自然に親しんで遊ぼう

昔から伝わる遊びを楽しもう

福笑い
お手玉
すごろく
かるたとり
こままわし
はねつき
すもう
まりつき
おしくらまんじゅう
竹馬
凧あげ

3 自然に働きかけてつくり出そう

春の七草を摘んで、七草がゆをつくろう

　一年の邪気（病気などを起こす悪い気）を払い、万病を除くとされて、七日の朝、七草がゆを食べるならわしが万葉の昔からあったといいます。

お腹に
やさしいよ

【材料（4人分）：春の七草、米 2カップ（洗って水切りをしておく）、塩 少々、しょうゆ 少々、水 8カップ】

①七草をきれいに洗って、鍋にたっぷりの湯を沸騰させ、塩一つまみ加え、茹でる。火の通りにくいスズナ、スズシロの葉を落としたものを先に入れ、その葉とその他の七草は一緒にさっと茹でる。
②茹でた七草は、水にさらして、適当な長さに切る。
③厚手の鍋に洗った米と水を加えて、強火にかける。沸騰したら火を弱め 30 分くらいゆっくりと炊く（吹きこぼれないように蓋をずらしておく）。
④炊きあがったら、塩、しょうゆを加え、②の七草も入れ、さっとかき混ぜてできあがり。

こまをつくろう

紙ごま

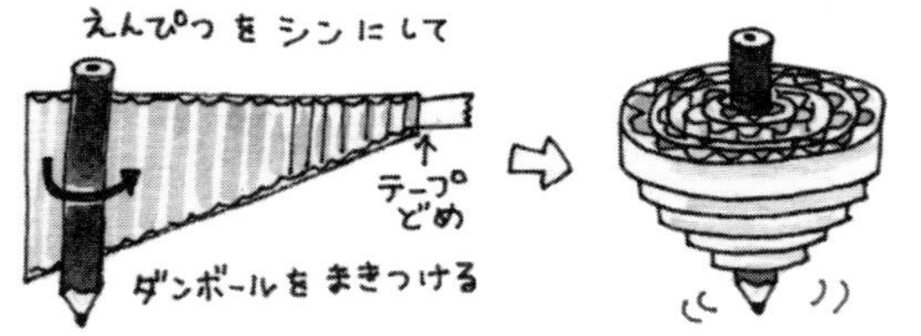
えんぴつ を シンにして
テープ どめ
ダンボール を まきつける

針金ごま

ハリガネを まげて つくろう
マッチ棒に
紙をさす

ぶんぶんごまをつくろう

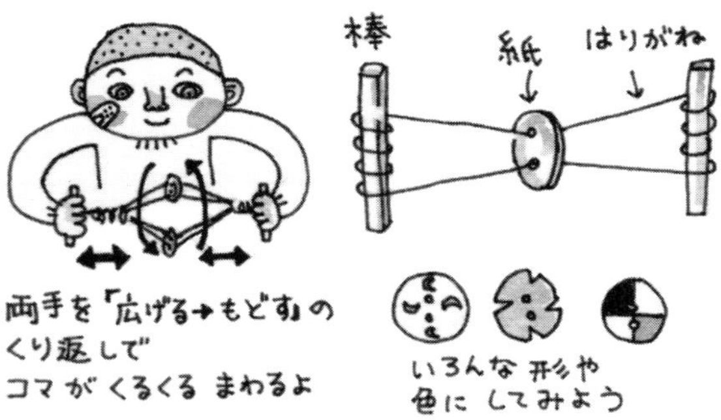
棒
紙
はりがね
両手を「広げる→もどす」の
くり返しで
コマ が くるくる まわるよ
いろんな 形や
色に してみよう

ケーブルカーをつくろう

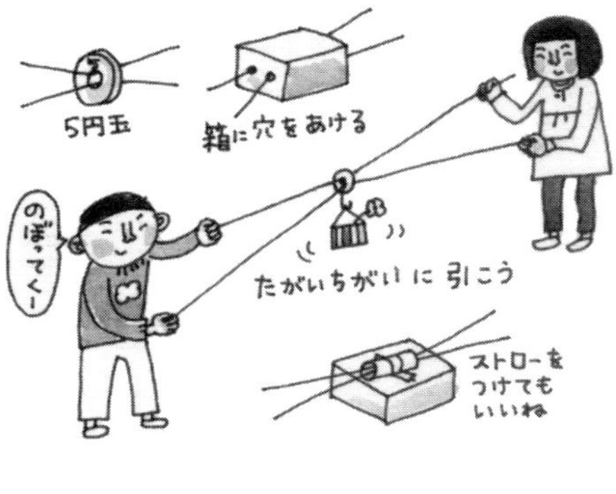
5円玉
箱に穴をあける
のぼってくー
たがいちがいに 引こう
ストローを
つけても
いいね

ミカンで遊ぼう

うつわ

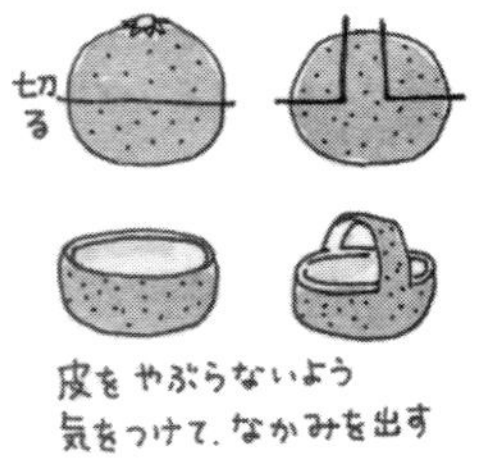
切る
皮を やぶらないよう
気をつけて. なかみを出す

たこ

みかんの
皮に
かるく
切れ目を
入れる
ここまで
むく
目はマッチ棒
を. さす
口は
みかんの
皮をはる

2月

如月（きさらぎ）

解説

陰暦２月の異称。寒いので着物をさらに着重ねる月という意味です。

各国の読み方

英語：February（フェブラリー）
中国語：二月（アールユエ）
韓国語：이월（イウォル）
フランス語：fevrier（フェヴリィリエ）
ポルトガル語：fevereiro（フェヴィレイロ）

1日		
2日		
3日	節分	【3日頃】節分には、文字通り季節の分かれ目という意味があります。立春・立夏・立秋・立冬といった日の前日にあたり、新しい季節を迎える日でもあるのです。しかし今では２月の節分だけが大きく取り上げられています。この日の夜、寺社では悪魔を追い払い、春を迎える儀式、追儺《ついな》が行われます。
4日	立春《りっしゅん》	【4日頃】太陽黄経が315度の時で、暦の上では春になる日です。寒さにはまだ厳しさも残りますが、日も長くなり暖かい地域では、野山の草木が芽吹き始め、梅も咲き始めます。旧暦では、この日を１年の始まりとしていました。
5日		
6日	初午《はつうま》	【6日頃】２月最初の午の日に全国の稲荷神社で行われます。稲荷の神様に、五穀（米、麦、あわ、きび、豆）が豊かに実るようお願いします。稲荷は「いね・なり」からきているともいわれます。
7日		
8日		
9日		
10日		
11日	建国記念の日	1967（昭42）年から新しく「国民の祝日」に加えられました。戦前の「紀元節」と日は同じですが、意義は異なります。それは「建国された日」ではなく、当時の文部省の次官通達にも「遠くわが国の成り立ちに憶いをはせ、民族将来の繁栄と発展を願う心を新たにすることは、きわめて意義深い事である…」とあるように、「建国を記念するための日」なのです。
12日		
13日		

節分の行事

豆まき

豆まきでは、その年の干支生まれの「年男」や家の主人が、炒った大豆をまき、鬼を追い払います。「福豆」に大豆を使う理由は、大豆には穀物の霊が宿っていて、「悪い気を払う力」があると信じられていたからです。豆まきの後に、自分の年の数か、年より１つ多い数だけ食べると、その年は病気にならず健康に過ごせるといわれています。

やいかがし

ヒイラギの葉のついた枝に火であぶったイワシの頭をさし、節分の日に家の玄関や窓に結びつけ、鬼が入ってこないようにします。イワシの頭を使うのは、鬼がイワシをあぶったくさい臭いが苦手だからといわれています。ヒイラギの木を使うのは、とがったヒイラギの葉が鬼の目をさして追い払ってくれるからといわれています。

恵方巻きの丸かぶり

太巻き寿司を１本口にくわえて、その年の神様のいる「恵方」の方角を向いて、目を閉じて願い事を考えながら無言で食べると、この１年よいことがあるとされています。巻き寿司は「福を巻き込む」と考えられ、包丁を入れると縁が切れるので、丸ごと食べるのだそうです。恵方巻きは、かんぴょう、きゅうり、しいたけ、伊達巻、うなぎ、たくあん、高野豆腐など７種類の具材を入れて巻きますが、「七福神」にちなんだものといわれます。

14日	流氷	この頃、北海道のオホーツク海に面した海岸には、流氷が流れ着きます。
	バレンタインデー	もとはキリスト教の祭日で、愛を表現する日とされています。
15日		
16日		
17日		
18日	雨《う》水《すい》	【18日頃】太陽黄経が330度の時で、「雪が雨に変わる頃」の意味です。この頃になると、「春一番」（立春～春分までの間にはじめて吹く暖かく強い南よりの風）も吹き、日一日と春らしくなり、北の地域では、なだれが発生しますが、南の地域ではうぐいすが鳴き始めます。また、農家では農耕の準備を始めます。
19日		
20日		
21日		
22日		
23日	天皇誕生日	令和天皇の誕生日です。
24日		
25日	北野天満宮梅花祭	学問の神様、菅原道真を偲ぶ祭り
26日		
27日		
28日	春の全国 火災予防運動	この頃から2週間ほど行われます。
29日	閏《うるう》日	閏年は、平年より1日日数の多い年で、4年に一度だけこの日をもうけています。なお、オリンピックとアメリカ大統領選がうるう年と重なっていますが、これは偶然といわれています。

方位とくらし

昔の人びとは、方位をとても気にかけてくらしていました。災いは、十二支で表される方位の内、北東に当たる「鬼門」とよばれる丑寅《うしとら》の方から来ると信じられていました。

季節の区切りの行事や方位の吉凶を大切にするのは、目に見えない力を借りて、災いから逃れ福を招きたいという願いが込められています。

流氷の漂着のようす

バレンタインデーの由来

3世紀、ローマ帝国の皇帝は、兵士が家族のことを考えずに戦えるようにと、結婚を禁じていました。司祭のバレンタインはこれに反発し、兵士の結婚式を挙げたため処刑されました。その後処刑が行われた2月14日は「愛を与える日」といわれるようになり、欧米では男女が花やカードなどを贈り合います。日本では、女性から男性にチョコレートを贈り、愛を表現する日として、1958年頃から定着したそうです。

世界の建国記念日

国名	月日	記念日の名称	由　来
キューバ	1月1日	解放記念日	1959年:キューバ革命によりバティスタ政権が崩壊。
イタリア	6月2日	共和国記念日	1946年：王政を廃し、共和制が誕生。
カナダ	7月1日	カナダ・デー	1867年：イギリス連邦内自治領カナダの成立。
アメリカ合衆国	7月4日	独立記念日	1776年:アメリカ独立宣言が公布され、イギリスから独立。
フランス	7月14日	パリ祭	1789年：フランス革命が始まった日を記念。
中華人民共和国	10月1日	国慶節	1949年：新中国の成立宣言を記念。

1 自然とくらしを知ろう

季節の花　ヤブツバキ／フキノトウ／ウメ／ヒヤシンス／スイセン／クロッカス

収穫　ゴボウ／ネギ

モモ・ウメ・サクラの花のつき方を見てみよう

ウメ
花は、枝にくっつくように咲きます。実も枝くっついてなります。

モモ
花は、花のつけ根に短い柄があります。実も短い柄の先になります。

サクラ
花は、枝から長く柄が出ます。実(サクランボ) も長い柄の先になります。

霜や霜柱を見つけよう

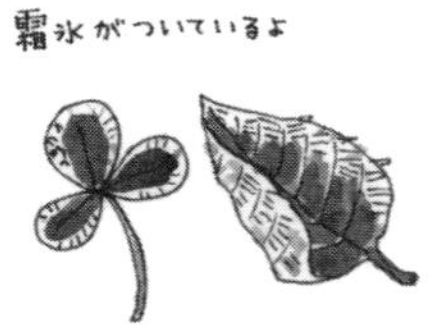
霜氷がついているよ

麦踏みは、霜柱で麦の苗がもち上がらないよう、踏みつけるのです。

霜柱を踏むと
サクッと
くずれるよ
サクッ

雪の粒・結晶の形を観察しよう

雪の粒をルーペで見ると、星のような形や六角形をしています。

黒っぽい手袋の上で観察すると、白い雪が見やすく、解けにくいです。

氷をつくってみよう

いろいろな場所で氷づくりをしてみましょう。

どこに置けば氷ができるかな？
ボールに入れたり
土をほったり
氷のおめん
バケツに
水を入れて
葉っぱなどで
顔をつくる

2 自然に親しんで遊ぼう

雪あそびを楽しもう

雪だるま・雪うさぎ

つばきの葉
なんてんの実

雪合戦

雪すべり

ダンボール、そり、スキー、スノーボードを使って雪の斜面をすべりおりてみましょう。

かまくら

雪の量が多いところではかまくらをつくって、中で遊んでみましょう。

中は
あったかいよ

お絵かき

絵の具を水に溶かしてつくった色水を使って、雪の上に絵をかいてみましょう。絵を描いたあとの雪は、まとめて端に寄せておきましょう。

ウメの花やスイセンの花を観察し、花の香りを楽しもう

ウメ
いい香り〜
もうすぐ
春ですね
スイセン

大豆を煎《い》ろう

大豆を煎って、石臼ですりつぶして、きな粉をつくってみましょう。香ばしい香りも楽しみましょう。

できたきな粉は、米粉だんごにかけて食べたり、牛乳に混ぜて飲んだりしてみましょう。

あぶり出しをしよう

●用意するもの
- ミカンの汁
- タマネギの汁
  （冷蔵庫で冷やしたタマネギを 使うとあまり目にしみない）

筆に汁をふくませ、絵や文字をかき、乾いたらアルコールランプなどにかざします。

くっきりと絵や文字が浮かび上がってきます。

静電気遊びをしよう

●用意するもの
- 下敷き
- パイプとビニール袋と
  発泡スチロール

袋の中に発泡スチロールをこまかくしたのを入れて封をし、外から静電気を起こしたパイプ（これは棒をわきの下でこする）で動かすと、中のものが動きまわります。

3 自然に働きかけてつくり出そう

簡単な紙遊びをしよう

そっと落としてみよう（ヘリコプター）

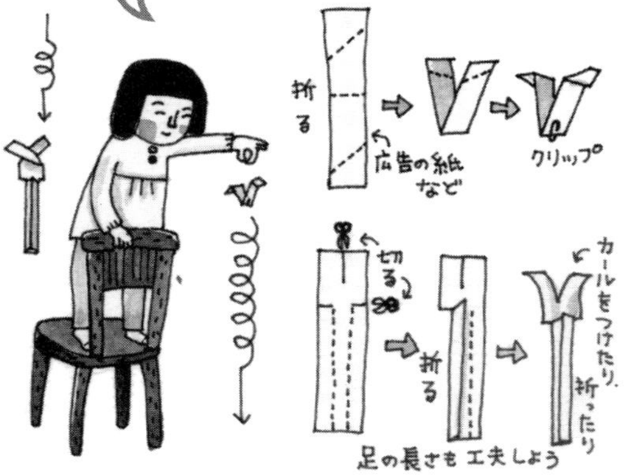

にょろにょろまわそう

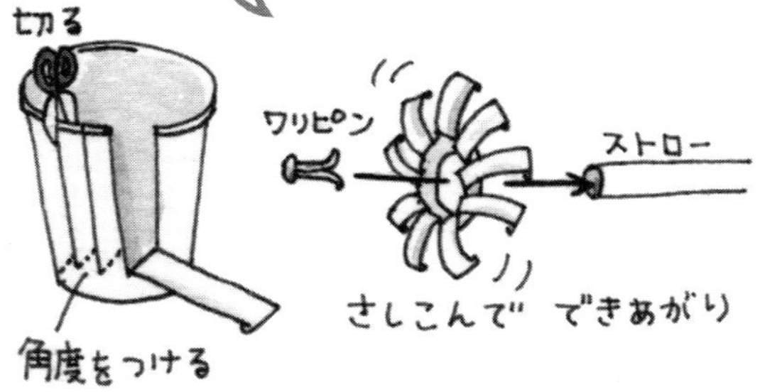

吹いてならそう

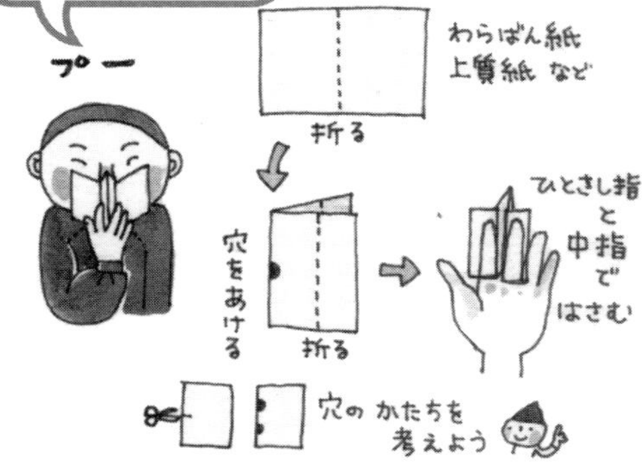

吹いて競争しよう

水の上に花を開かせよう

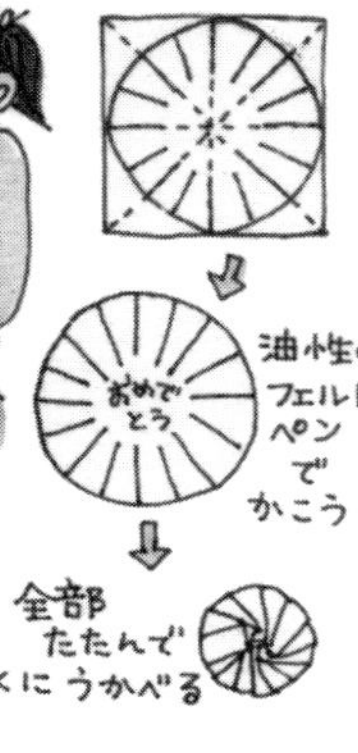

ポイントとして、わらばん紙のようなやわらかめ（水がよくしみこむような紙）がよくひらきます。

紙の中に入ろう

①自然遊びの年間カリキュラムの例

①春　武芸川町の場合

期間目標	◎身近な春の自然のなかで、伸び伸びと体を動かして遊ぶ。 ◎身近な動植物に親しみ成長や変化に興味・関心を持って遊ぶ。		
活動内容・月	4月	5月	6月
野・山遊び 草花遊び	草すべり 草花摘み・綿毛とばし・蜜すい・草花流し・草ずもう → ままごと遊び・指輪・かんむり・首飾り・笛遊び →	山歩き（幼虫探し・根っこ掘り）→	笹舟遊び・笹あめ遊び →
生きもの遊び 飼育	虫捕り（テントウムシ・アリ・ダンゴムシ・アオムシ・チョウチョ）→	カエルの卵 → オタマジャクシ → カエル → ツバメの観察 → スズムシ・カブトムシの幼虫 →	カタツムリ → ザリガニ
栽培	→	いちご狩り チューリップ・スイセン球根取り → 朝顔・ひまわり種蒔き → キュウリ・ミニトマト植える →	サツマイモ苗さし →
砂遊び	型押し遊び（プリン・ケーキ）→ 山・トンネル・ダム・池・道路遊び → だんごづくり・サラサラ土づくり・ココ石探し →	ごっこ遊び →	
水遊び	水なぶり・水まき遊び →		プール遊び →
科学遊び （風遊び）	風車・こいのぼりで遊ぶ →		
安全指導	交通安全指導（横断歩道の渡り方・道路・あぜ道・山道の歩き方等） 虫さされ・かぶれへの安全指導（ハチ・かぶれの木等）		交通安全指導（雨期時の歩き方）
行事　園内		遠足（ファミリーパーク・アスレチック）	父母参観日（親子で歩け歩け・親子で玩具づくり・竹馬・風車・缶コッポ）
行事　地域	八幡様・花馬まつり	花まつり	

②夏　板取村・洞戸村の場合

期間目標	◎夏の遊びを十分楽しみ、開放感を味わいながら、試したり、工夫したりする。 ◎夏の自然環境に親しみながら、身近な動植物の成長の様子や、自然の恵みの不思議さに気づく。 ◎身近な自然環境の変化に興味・関心を持ち、自分からかかわり、親しんだり、世話をしたりして愛情を持つ。		
活動内容・月	6月	7月	8月
野・山遊び 草花遊び	ままごと遊び・草ずもう・笹あめ・笹舟づくり → 河原遊び（石投げ・石つみ・見立て遊び） ヨモギ団子をつくる		
生きもの遊び 飼育	虫・小動物探し　虫・小動物捕り アオムシ・カイコ・カタツムリ・オタマジャクシ →	虫・小動物と遊ぶ　虫・小動物の飼育 バッタ → クワガタムシ・カミキリムシ・カブトムシ →	コオロギ →
栽培	手入れをする　観察 ジャガイモ・サツマイモ・トマト・キュウリ・トウモロコシ・ピーマン → アサガオ・ヒマワリ・ヘチマ →	収穫　食べる　遊ぶ	
砂遊び	山・ダム・池・トンネル・団子・さらさら土・きなこづくり・泥水遊び・型押し遊び →		
水遊び		川遊び（泳ぐ・砂遊び・草流し・川藻取り・川虫・メダカ・オタマジャクシ探し等）→ プール遊び（泳ぐ・シャワー・トンネルくぐり・顔つけ・水かけ・ワニさん歩き・もぐる・ばたあし・宝さがし・飛び込み・水鉄砲・舟遊び等）→	
科学遊び	シャボン玉・色水遊び・ジュース屋さん・洗濯遊び・浮力遊び →		
安全指導	交通安全（道路、農道、山道の歩き方）・危険な場所の安全（池・川・崖）・遊びの衛生安全（むやみに物を口に入れない、手をなめたりしない、手洗い、うがい等）・毒虫、かぶれの木、マムシへの安全		
行事　園内		七夕祭り	
行事　地域			お盆

③秋　武儀町の場合

活動内容・月	9　月	10　月	11　月
期間目標	◎秋の自然環境に興味や関心を示し、身近な動植物に親しみ、その性質や変化、美しさ、不思議さなどに関心を深める。 ◎生活や遊びの中で、事物と具体的な体験を通して、その性質や数、量、形、色等に関する感覚を豊かにする。 ◎秋の自然に親しみながら、グループで力を出し合ったり、考えたり工夫したり、試したりして遊ぶ。		
野・山遊び 草花遊び	ススキで遊ぶ	花の実・草の実・木の実遊び どんぐり拾い（どんぐりごま・やじろべえ・どんぐり笛） アクセサリーづくり ままごと いもづる遊び	
生きもの遊び 飼　育		虫捕り（バッタ・コオロギ・トンボ・イナゴ）	虫遊び
栽　培	種とり（アサガオ・ヒマワリ）	さつまいも収穫 大豆の収穫	球根植え・水栽培 （チューリップ・クロッカス・ヒヤシンス）
砂　遊　び		トンネルづくり・山づくり・水路 ・どろだんごづくり・ダムづくり	
水　遊　び	シャボン玉 色水遊び		
科　学　遊　び	秋の空を見る 月を見る 台風		
安全指導	ハ虫類への安全指導（マムシ・ハチ・ケムシ）	刃物類の安全指導（千枚通し・きり）	
行事　園内	お月見会　運動会	バス遠足	いも掘り大会　焼き芋パーティー
行事　地域		ウォークラリー	

④冬　上之保村の場合

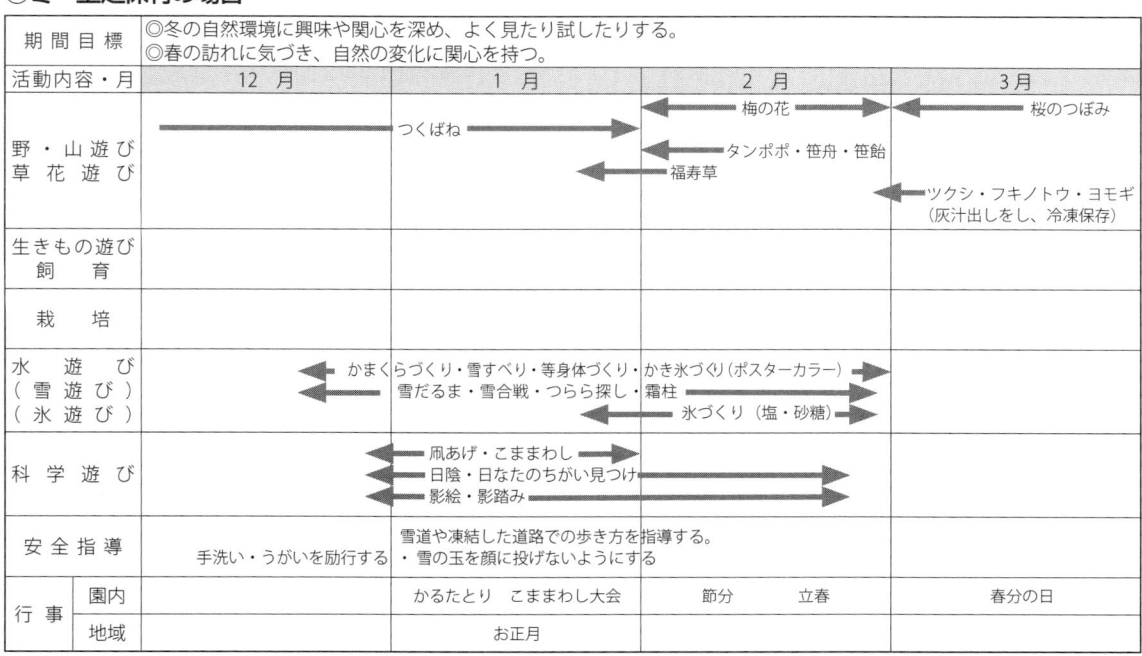

活動内容・月	12　月	1　月	2　月	3月
期間目標	◎冬の自然環境に興味や関心を深め、よく見たり試したりする。 ◎春の訪れに気づき、自然の変化に関心を持つ。			
野・山遊び 草花遊び		つくばね	梅の花 タンポポ・笹舟・笹飴 福寿草	桜のつぼみ ツクシ・フキノトウ・ヨモギ （灰汁出しをし、冷凍保存）
生きもの遊び 飼　育				
栽　培				
水　遊　び （雪遊び） （氷遊び）		かまくらづくり・雪すべり・等身体づくり・ 雪だるま・雪合戦・つらら探し・霜柱	かき氷づくり（ポスターカラー） 氷づくり（塩・砂糖）	
科　学　遊　び		凧あげ・こままわし 日陰・日なたのちがい見つけ 影絵・影踏み		
安全指導	手洗い・うがいを励行する	雪道や凍結した道路での歩き方を指導する。 ・雪の玉を顔に投げないようにする		
行事　園内		かるたとり　こままわし大会	節分　立春	春分の日
行事　地域		お正月		

②保育実践にあたっての心構え

●子どもたちの実状・内面を見る。

●子どもを主体にしながら、必要な手助けをする（援助）。

①援助する場合の心構え

（ア）計画に基づいて準備をする。	〈計画準備〉
（イ）子どもの意欲を引き出す動機づけをする。	〈動機づけ〉
（ウ）豊かな体験をさせる。	〈五感覚〉
（エ）人との関わりの中で生活させる。	〈人間関係〉
（オ）子どもの目の高さで「動き」や「ことば」をとらえ、内面を理解する。	〈受容、理解〉
（カ）ほどよい働きかけをして、表現させる。	〈表現〉
（キ）計画（P）実践（D）反省（S）再構成（I）というスタイルで実践する	〈研究、実践〉

②育てたい子どもの姿			③子どもの特性
個	集団		
Ⅰ意欲を持つ子 ①興味関心 ②見通し ③方法を知る **Ⅱ取り組む子** **（活動する子）** ①夢中になる ②くじけない ③失敗を恐れない **Ⅲ見つける子** ①話す ②描く、つくる ③身体表現	**Ⅰ力を合わせる** **Ⅱ交流** **教え合う**	**Ⅰマナー・ルールを守る子** ①安全に気をつける ・道の歩き方 ・範囲（活動） ②物を大切にする ・公共物 ・自然物 ・生産物 ③時間を守る ・予定時間 笛 曲 時計 ④あいさつをする ・時や場所に合った	**Ⅰ心（知的、情緒的、社会的）が未発達** ①自己中心的 ・物事を主観的にとらえる。 ・自己主張をする。 ・認められたがる。 ・他人のことが気になる。 ・他人の持っているものをほしがる。 ・「なに」「どうして」を連発する。 ②模倣的 ・まねをよくする。 ―他人の ―テレビなどの ・ごっこ遊びが得意である。 ―つもり ―役割遊び ③物活的（アニミズム） ・物を生きもののように見る。 ・「～みたい」というとらえ方をする。 ④試行錯誤的 ・すじ道を立てて考えられない。 ・思いついて、次々と行動する。 ⑤情緒的感覚的 ・ちょっとしたことをこわがる。 ・感情の起伏がはげしい。 ・喧嘩をよくする。 ・具体物を見ると、心を動かす、手を出す。 ⑥分散的 ・印象的なことは、よく覚えている。 ・後半、言語がはっきりする。 ・後半、グループで協同的に遊べるようになる。 ・集中時間が短い。 **Ⅱ体（身体的、運動的）が未発達** ①身体的 ・前半は、身長に比べ、体重の増加が著しい。 ・後半は、体重に比べ、身長の増加が著しい。 ②運動的 ・次第に平衡感覚が発達する。 ・次第に運動能力の発達が著しい。

④環境・保育の流れ	⑤手だて	配慮事項
Ⅰ十分な遊びの場と時間の確保 ①野外活動の場合 ・コースを示す。 ・素材を示す。（具体物を、話で） ②製作・作業の場合 ・材料、道具、方法を準備する。 **Ⅱ保育者も一緒に遊ぶ** **（遊びで育てる）** ①子ども ・ごっこをする。 ・具体物に触れる。 ・五感覚を使う。 ②保育者 ・子どもの動きを観る。 ・子どもの声を聴く。 ・「いいことみつけたら教えて」と呼びかける。 **Ⅲ感動を表現する場の確保** ①子ども ・話す。 ・描く、つくる。 ・身体表現をする。 ②保育者 ・共感する。 ・働きかける（よい面を見つけて励ます）。	**Ⅰ受容する―――重要** ①共感する。 ・なるほど…。 ・～だね。 ②認める ・よくやったね。 ・がんばったね。 ③感動する ・すごいなぁ。 ・よくみつけたねぇ。 ④見守る ・「……」 （ことばがけや手伝いをせずに待つ） **Ⅱ働きかける** ①発問する ・なにみたい？ ・どうしたのかなぁ。 ②ヒントを与える ・～ごっこしよう。 ・～のまねしてみようか。 ③紹介する ・みんなにみせてごらん。 ・○○は～しているよ。 ④ゆさぶる ・どっちかなぁ。 ・「こちらの人」「あちらの人」 ⑤比べさせる ・どっちが　長い？ 重い？ 遠い？ 熱い？ ⑥教える ・これは～だよ。 ・これを～というんだよ。 ⑦提案する ・～したらどう？ ・～さんになろうか。 ⑧しかる ・～してはだめだよ。 ・やめなさい。 **Ⅲ表現させる** ①ことばで ・事実をあげる。 ・順に。 ②身ぶりで ・ものまねをする。 ・劇であらわす。 ③造形で ・絵であらわす。 ・工作であらわす。	**Ⅰ子どもの内面をつかむ** ①言動を理解する（因果関係で見る）。 ②興味、関心（要求を探りふまえる）。 ③言動のわずかな変化をみつける。 **Ⅱ実態をふまえて働きかける** ①言動に驚く。感動する。 ②言動を生かして、個から全体へと広げる。 ③チャンス（ピンチ）を生かす。 ④働きかけをしながら学ぶ。 **Ⅲ作品を引き出す** ①成果を認める。 （展示、プリント化など）

③地域のおさんぽマップのつくり方と実例

園外保育の場合に気をつけなくてはならないことを、あらかじめ書き出し、地図にしておきましょう。内容は、「安全指導マニュアル」に基づき、つぎの４つの要素を新たに加えました。

1　危険個所（調査に基づいた所）

2　緊急時の連絡先

3　コースの距離

4　地域の素材等

作成したおさんぽマップをもとに、実地調査をしてから園外保育に出かけますが、地域の状況は変化していることがあるので、臨機応変に対応しましょう。年度ごとに改訂をしていくと良いでしょう。

おさんぽマップの例

①めばえ保育園

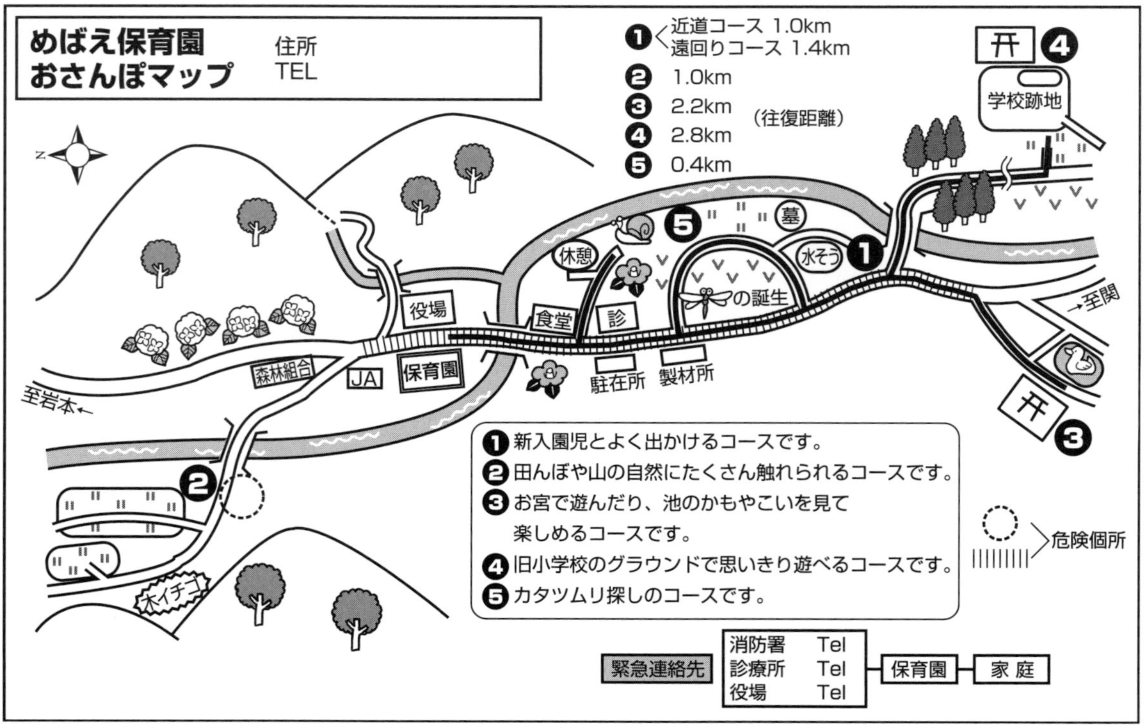

めばえ保育園
おさんぽマップ
住所
TEL
❶＜近道コース 1.0km
遠回りコース 1.4km
❷ 1.0km
❸ 2.2km
❹ 2.8km
❺ 0.4km
（往復距離）
学校跡地
❹
❺
墓
水そう
❶
休憩
の誕生
至関
役場
食堂
診
森林組合
JA
保育園
駐在所
製材所
至岩本←
❸
❷
木イチゴ
❶新入園児とよく出かけるコースです。
❷田んぼや山の自然にたくさん触れられるコースです。
❸お宮で遊んだり、池のかもやこいを見て
楽しめるコースです。
❹旧小学校のグラウンドで思いきり遊べるコースです。
❺カタツムリ探しのコースです。
危険個所
緊急連絡先
消防署　Tel
診療所　Tel
役場　Tel
保育園
家庭

②富之保保育園

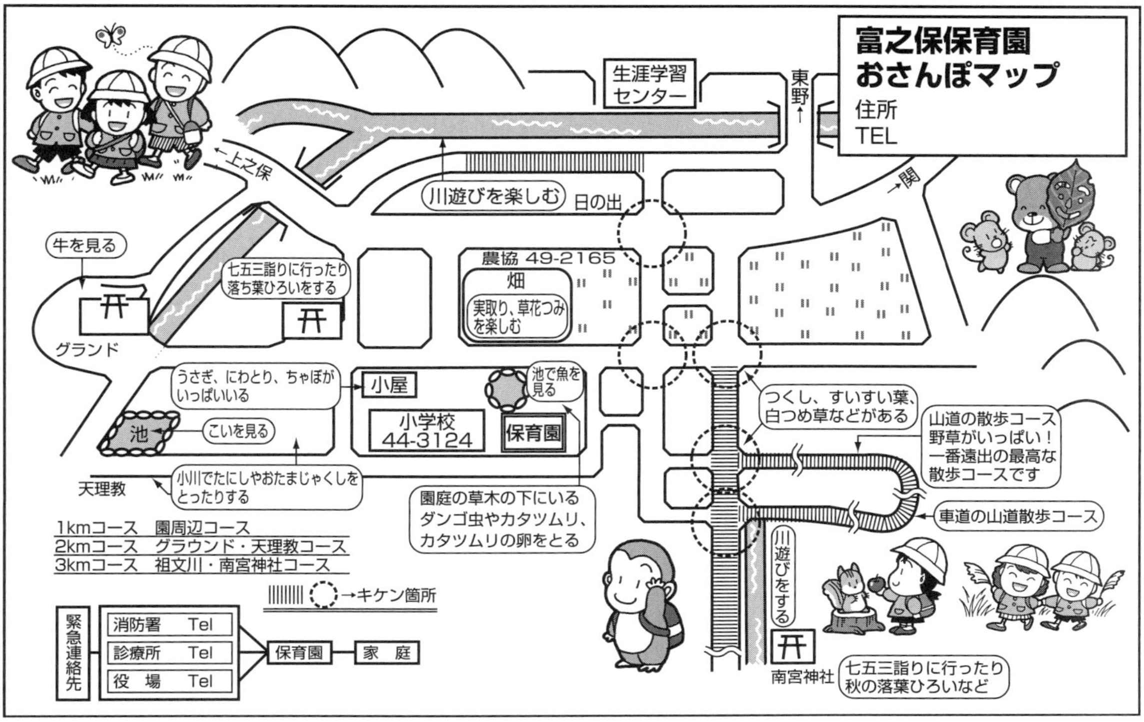
富之保保育園
おさんぽマップ
住所
TEL
生涯学習センター
東野↑
上之保
→関
川遊びを楽しむ
日の出
農協 49-2165
畑
実取り、草花つみを楽しむ
牛を見る
七五三詣りに行ったり落ち葉ひろいをする
グランド
うさぎ、にわとり、ちゃぼがいっぱいいる
小屋
池で魚を見る
池
こいを見る
小学校 44-3124
保育園
つくし、すいすい葉、白つめ草などがある
山道の散歩コース 野草がいっぱい！ 一番遠出の最高な散歩コースです
天理教
小川でたにしやおたまじゃくしをとったりする
園庭の草木の下にいるダンゴ虫やカタツムリ、カタツムリの卵をとる
車道の山道散歩コース
1kmコース　園周辺コース
2kmコース　グラウンド・天理教コース
3kmコース　祖文川・南宮神社コース
→キケン箇所
緊急連絡先
消防署　Tel
診療所　Tel
役　場　Tel
保育園
家　庭
川遊びをする
南宮神社
七五三詣りに行ったり秋の落葉ひろいなど

③谷口保育所

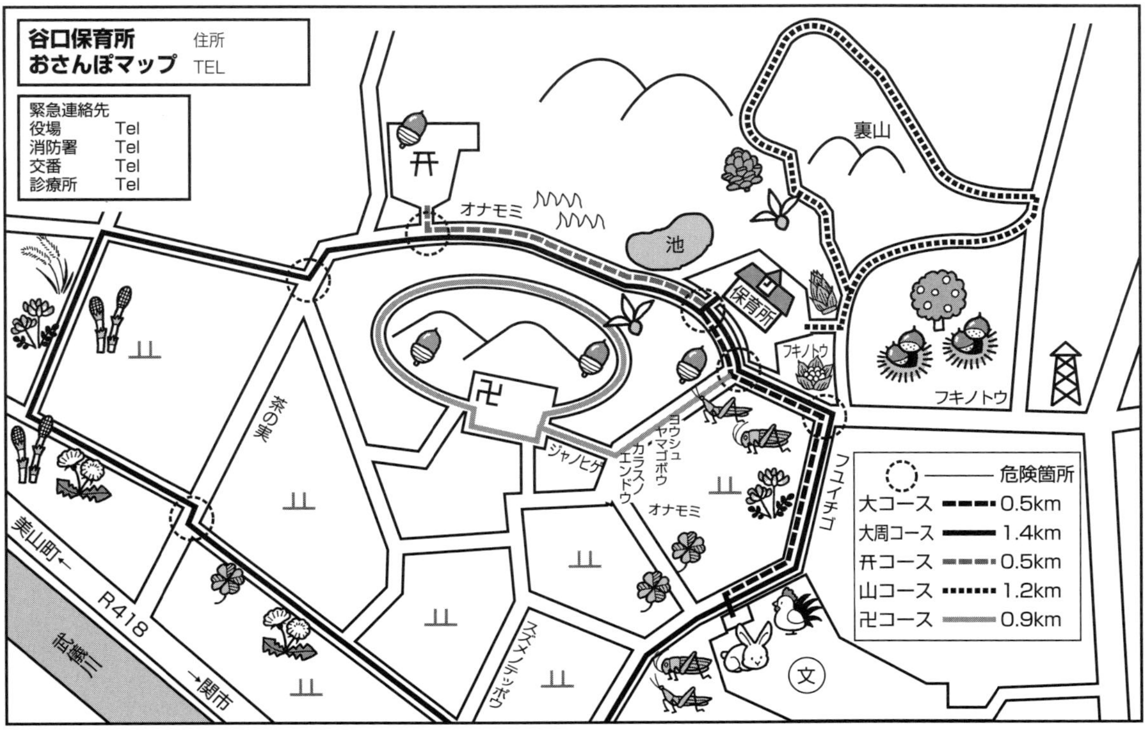
谷口保育所
おさんぽマップ
住所
TEL
緊急連絡先
役場　Tel
消防署　Tel
交番　Tel
診療所　Tel
オナモミ
池
裏山
保育所
フキノトウ
フキノトウ
ヨウシュヤマゴボウ
カラスノエンドウ
ジャノヒゲ
オナモミ
茶の実
フユイチゴ
危険箇所
大コース 0.5km
大周コース 1.4km
开コース 0.5km
山コース 1.2km
卍コース 0.9km
美山町←
R418
→関市
武儀川
スズメノテッポウ

資料③

④季節の行事食の簡単レシピ

3月

よもぎ餅

【材料：もち米4合、よもぎの葉 適量】

① よもぎの柔らかい葉の部分を摘み取り、よく洗う。
② 大きめの鍋にお湯を沸かし、重曹を少々加え、よもぎをやわらかくなる程度にゆでる。
③ お湯から上げて水に取り、何回か水を替えて十分にアクを抜き、水気を取る。
④ 細かく刻み、すり鉢でさらに細かくすりつぶす。
⑤ 炊きあがったお餅に、よもぎを小分けしながら入れて練り込んでいく。

ぼた餅

【材料（10 個分）：もち米とうるち米（普通の米）あわせて 2 合、粒あん 800g】

① もち米とうるち米を合わせて洗い、炊飯器にセットして普通に炊く（もち米 7：白米 3 の割合で入れると食感が良い）。
② 炊きあがった米を、熱いうちにすりこ木で粒が少し残る程度につぶす。
③ 手を水で濡らして 10 等分にして丸める（この時、手を適度な塩水に浸してから握ると、あんこの甘味が引き立つ）。
④ あんを 1 個 80g を目安にして皿に分けておく。
⑤ ラップにあんこを置いて、手で広げる。
⑥ その上に丸めた餅をのせて包む。
⑦ ラップの口を絞って卵型にととのえて完成！

4月

たけのこのあく抜き・ゆで方

① 皮をむき、縦に半分に切る
② 鍋にたっぷりの水に米のとぎ汁 1 カップ、赤とうがらし 1 本を入れ、たけのこを入れる。
③ 落とし蓋をして強火でゆでる。ふきあがったら弱火にする。
④ 根元の硬い部分に竹串が通るまで、40 ～ 50 分ゆでる。
⑤ 火を止め、そのまま冷ました後、水洗いしてできあがり。
ボウルに水をはって、洗ったたけのこを冷蔵庫に入れておけば 5 日くらいは持つ。こまめに水をかえる。

たけのこご飯

【材料（4 人分）：ゆでたたけのこ 1 本、米 3 合、油揚げ 1 枚、しょうゆ 大さじ 3、みりん 大さじ 1、 だし 適量、木の芽 適量】

① たけのこはいちょう切りやたんざく切りなど、小さく食べやすい形に切る。
油揚げは油抜きをして、縦半分の細切りにする。
お米はといでザルにあげておく。
② 炊飯器にお米・だし・しょうゆ・みりんを入れ、米の量に応じた水量線に合わせて水をはり、たけのこと油揚げを平らにのせて炊く。
③ 炊きあがったらよくかき混ぜて器に盛り、木の芽を添える。

さくら餅

【材料（20 個分）：道明寺粉 200g、湯 300cc、砂糖 30g、食紅色素（赤）少々、こしあん 400g、桜の葉 20 枚】

＊水 30g：砂糖 30g を合わせて沸騰させ、手水を用意しておく。
① 桜の葉は軸を取って水洗いし、ボウルのふちに並べて水気を切る。
② 道明寺粉はさっと水洗いして、ザルに移し水気を切っておく。
③ ②を電子レンジ用のボウルに移し、熱湯を入れ、食紅を混ぜ、ラップをかけてそのまま 30 分置く。

④　ラップをしたまま4分電子レンジ（500W）にかけて塩を加える。混ぜ合わせてからラップをかけて更に3分電子レンジにかける。もう一度混ぜ合わせてラップをしたまま、10～15分そのままに置いて蒸らす。
⑤　④を20等分して手水を付けた手の上で20gのこしあんを包み、桜の葉で包む。

5月

かしわ餅

【材料（8個分）：上新粉200g、白玉粉40g、上白糖30g、片栗粉 大さじ1、柏の葉8枚、あんこ150～200g】

＊あんこは8等分に分けておく。
＊すりこ木は水に浸けておく。
＊柏の葉はやさしく水で洗い、ザルにあげて水気を切っておく。

①　上新粉・白玉粉・上白糖を入れる。60～70℃の湯180ccを少しずつ加えながら、耳たぶくらいの硬さになるまでこねる。
②　湯気の上がった蒸し器に固く絞ったフキンやさらしをしき、①を8つくらいにちぎり分けて少し押さえて平らにし、重ならないように広げて約20分蒸す。
③　蒸し上がった②を、耐熱ボウルに移し、濡らしたフキンの上から数回こねる。
手でさわれるようになったら、片栗粉大さじ1の水で溶いたものを数回に分けて加えつつ、ボウルの中でよくこねる。
④　③を8等分にちぎり、濡らした手の平と指をつかい楕円形に広げる。生地の上にあんこを置いて半分に折り、口をしっかりとめる。
⑤　再度、蒸し器に④を並べ5分蒸す。できあがったものを皿に移して、冷めたら柏の葉でくるむ。

9月

野菜チップス

①　かぼちゃ、にんじん、さつまいも、りんごなどの野菜や果物は、皮をむいて1～2センチの薄切りにし、水分を取る。
②　①をさらに並べて500～600Wの電子レンジで3～5分くらい加熱する。
③　途中で、乾いてきたら裏返して再度加熱し、薄いきつね色になり、乾燥したらできあがり。

わらびもち

【材料（4人分）：わらびもち粉50g、水250cc、砂糖 お好みの量、きな粉 お好みの量】

①　耐熱容器にわらびもち粉・水を入れ、よくスプーンで混ぜる。ダマにならないように！
②　ラップをして3分、600Wのレンジにかけて一度取り出し、ダマにならないようによく混ぜる。
③　再び2分ほどレンジにかける。半透明になるまで加熱を続ける（目安：合計8分程度）。
④　取り出してビニール袋に入れる。
⑤　ビニール袋の角を切って、氷の入った水（分量外）に、小さめに絞り落す。
（落とす時は、スプーンを使って行うと良い）
⑥　わらびもちが冷たくなったら、水を捨てる。
⑦　きな粉と砂糖を混ぜたものをかけて完成！

11月

大学芋

【材料（4人分）：サツマイモ4本、砂糖 大さじ10、水 大さじ6、はちみつ 大さじ4、ゴマ適量】

①　大きめの乱切りにし、水にさらしてザルにあげ、水気をふく。
②　中温の油（160℃）に①を入れて、じっくり揚げる。
③　鍋に砂糖を入れて中火で火にかけ、砂糖がじわじわ溶けてくるので、鍋をゆする。
この時かき混ぜないこと！
④　砂糖が溶けてキャラメル色になってきたら、水、はちみつを加え、②で揚げ上がったサツマイモ、ゴマを加えてよく混ぜ合わせ、器に盛り付けてできあがり。

⑤植物観察の要点

1. 植物の分類

単細胞 ………………………… 核無し
単細胞 ………………………… 核有り
多細胞　組織有り ………… 緑藻の一部、紅藻、褐藻
造卵器をつくる …………… 蘇苔類、緑藻の一部
維管束をつくる …………… シダ類、トクサ類、ヒゲノカズラ類、マツバラン類
裸子（種子は子房につつまれない）……マツ類、グネツム類、イチョウ類、ソテツ類
被子（種子は子房につつまれる）………単子葉類＝発芽の時の子葉は１枚、葉脈は並行
（チューリップ、アヤメ、ススキ、イネなど）
双子葉類＝発芽の時の子葉は２枚、葉脈は網目状
（タンポポ、ホウセンカ、パンジー、サクラなど）

2. 根の種類

裸子植物、双子葉植物（タンポポなど）…… 主根と側根がまっすぐ下に向かって伸びる
単子葉植物（スズメノテッポウなど）……… 細いひげ状の根
支柱根（サキシマスオウなど）……………… 地面に垂直に立つ
気根（セッコクなど）………………………… 空中で伸びている
水中根（ウキクサなど）……………………… 水の中で伸びている

3. 葉のつき方の種類

互生 ………………………… 茎の１つの節に１枚ずつ葉が付いている

対生 ………………………… 茎の１つの節に２枚の葉が向かい合わせに付いている

輪生 ………………………… 茎の１つの節に３枚以上の葉が輪になって付いている

根生 ………………………… 茎がごく短く地面に広がるように葉を付けている

4. 花のつき方・咲き方

●無限花序《むげんかじょ》：【花の咲き方・つき方】茎の下から上や、端から中央

○穂状《ほじょう》花序：柄のない花が軸にたくさんついて、穂のように見える。
たとえば……オオバコ、エノコログサなど

○頭状《とうじょう》花序：小さな花が軸の先に密集し、１つの花のように見える。
たとえば……セイヨウタンポポ、ヒマワリ、ノアザミなど

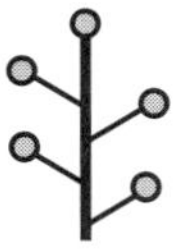

○総状《そうじょう》花序：柄のある花が短い軸に１つずつつく。
たとえば……ムラサキケマン、ヨウシュヤマゴボウなど

○散形《さんけい》花序：いくつかに分かれた茎の先に１つずつ柄のある花がつく。
たとえば……ユキワリコザクラ、サクラソウ、ヒガンバナなど

●有限《ゆうげん》花序：【花の咲き方・つき方】茎の上の方や、中央から端

○岐散《きさん》花序：主軸の花の下から出た２本の枝の先に花がつく。
たとえば……ミドリハコベ、ムシトリナデシコなど

○巻散《けんさん》花序：主軸の花の下から渦巻の形を描くように枝が出て、その１つずつに花がつく。
たとえば……キュウリグサ、ワスレナグサなど

5. 花のかたちの種類

車形（ナス）、かね形（キキョウ）、ろうと形（アサガオ）、ナデシコ形（カワラナデシコ）、つぼ形（ドウダンツツジ）、蝶形（フジ）、舌状（タンポポ）、唇形（シソ）、十字形（アブラナ）、バラ形（サクラ）、イネ科形（イネ、ススキ）

6. 種子の拡散の仕方の種類

①自分ではじけるもの ……………　カタバミ、ホウセンカ、ゲンノショウコ、フジ
②風にとばされるもの ……………　ミネカエデ、ススキ、アカマツ（マツボックリ）
③鳥に食べられるもの ……………　ヤマブドウ、ナナカマド
④動物に付いて運ばれるもの ……　アメリカセンダングサ、オナモミ、チヂミザサ
⑤落下するもの ……………………　クリ、トチノキ、クヌギ
⑥水に運ばれるもの ………………　ココヤシ

⑥野菜の栽培活動 —— 12カ月一覧表［果菜類］

野菜名	月	2	3	4	5	6
	日にち	4　18	5　21	5　20	6　20	5　21
	24節気	立春　雨水	啓蟄　春分	清明　穀雨	立夏　小満	芒種　夏至
	太陽黄経	315°　330°	345°　0°	15°　30°	45°　60°	75°　90°
	暦上の季節		春			夏
	気候上の季節	冬		春		
果菜類	原産地域					
キュウリ	インド ヒマラヤ				種まき	収穫
ナス	インド東北				種まき	
ピーマン	南アメリカ				種まき	
オクラ	アフリカ東北				種まき	
コーン	中央・ 南アメリカ			種まき		
ズッキーニ	アメリカ南部 メキシコ北部		種まき			
カボチャ(東洋種)	中央・ 南アメリカ			種まき		
トマト	中央・ 南アメリカ				種まき	
インゲン	中央アメリカ		種まき 【つるなし】		収穫	
エンドウ	中央アジア 中近東				収穫	
エダマメ(大豆)	中国北部				種まき	
ササゲ	西南アジア				種まき	
スイカ	アフリカのサバンナ地帯や砂漠地帯			苗の植えつけ		

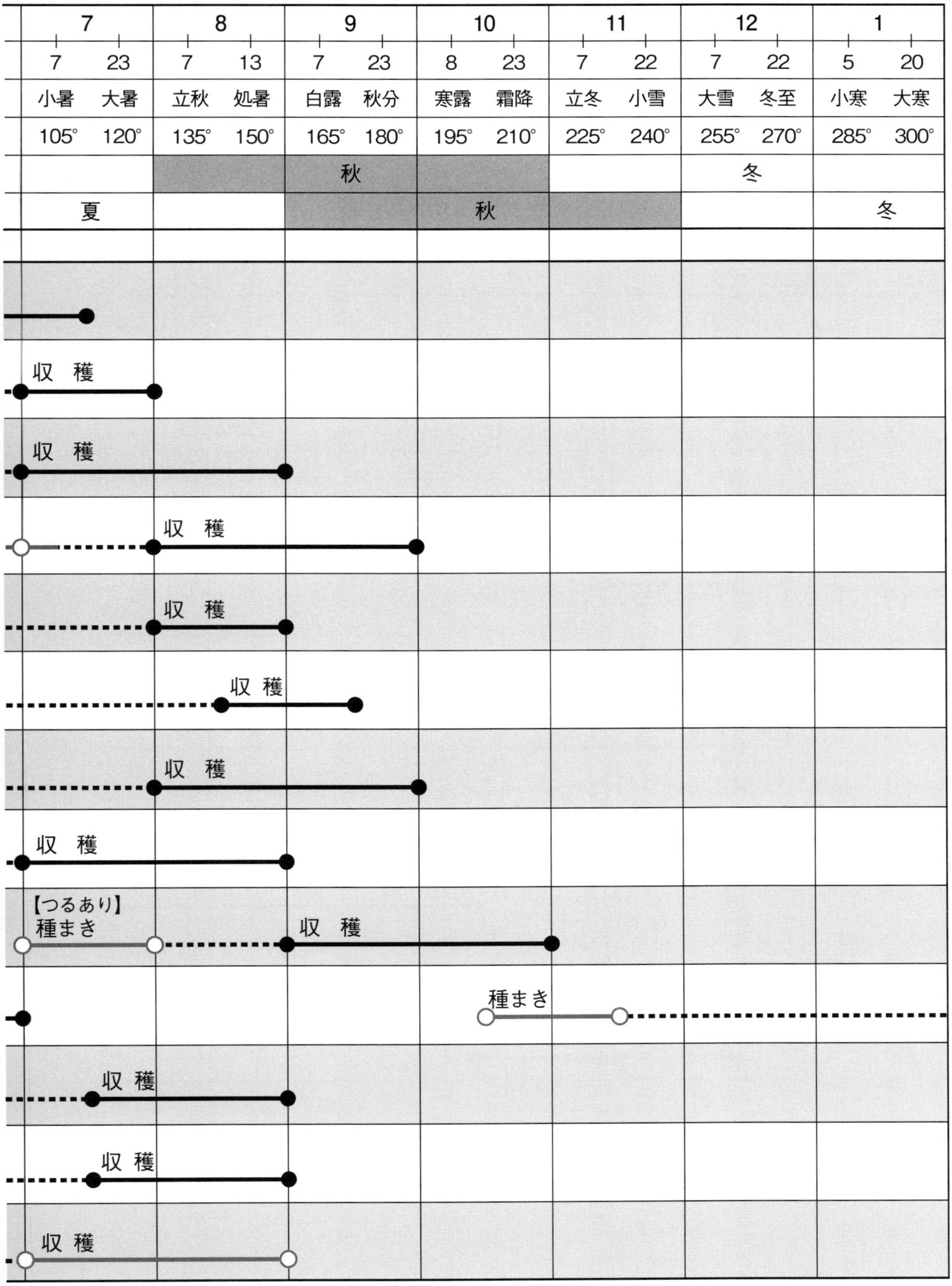
7
8
9
10
11
12
1
7 23 7 13 7 23 8 23 7 22 7 22 5 20
小暑 大暑 立秋 処暑 白露 秋分 寒露 霜降 立冬 小雪 大雪 冬至 小寒 大寒
105° 120° 135° 150° 165° 180° 195° 210° 225° 240° 255° 270° 285° 300°
秋
冬
夏
秋
冬
収穫
収穫
収穫
収穫
収穫
収穫
収穫
【つるあり】
種まき
収穫
種まき
収穫
収穫
収穫

⑥野菜の栽培活動 —— 12カ月一覧表［葉菜類］

	月	2	3	4	5	6
	日にち	4 18	5 21	5 20	6 20	5 21
	24節気	立春 雨水	啓蟄 春分	清明 穀雨	立夏 小満	芒種 夏至
	太陽黄経	315° 330°	345° 0°	15° 30°	45° 60°	75° 90°
	暦上の季節		春			夏
野菜名	気候上の季節	冬		春		
葉芋類	原産地域					
キャベツ	ヨーロッパ		収　穫			
レタス	西アジア 地中海		収穫①		種まき②	
シュンギク	地中海沿岸		種まき①		種まき②	
ハクサイ	中国北部	収穫				
ホウレンソウ	西アジア			種まき①	収穫① 種まき②	
パセリ	地中海沿岸	収穫①	種まき①			
モロヘイヤ	中近東 アフリカ北部				種まき①	
アスパラガス	南ヨーロッパ ロシア南部		種まき①	収穫①		
ブロッコリー	地中海沿岸					種まき①
ナバナ	地中海沿岸 中央アジア	収穫①				

7		8		9		10		11		12		1	
7	23	7	13	7	23	8	23	7	22	7	22	5	20
小暑	大暑	立秋	処暑	白露	秋分	寒露	霜降	立冬	小雪	大雪	冬至	小寒	大寒
105°	120°	135°	150°	165°	180°	195°	210°	225°	240°	255°	270°	285°	300°
				秋						冬			
夏						秋						冬	

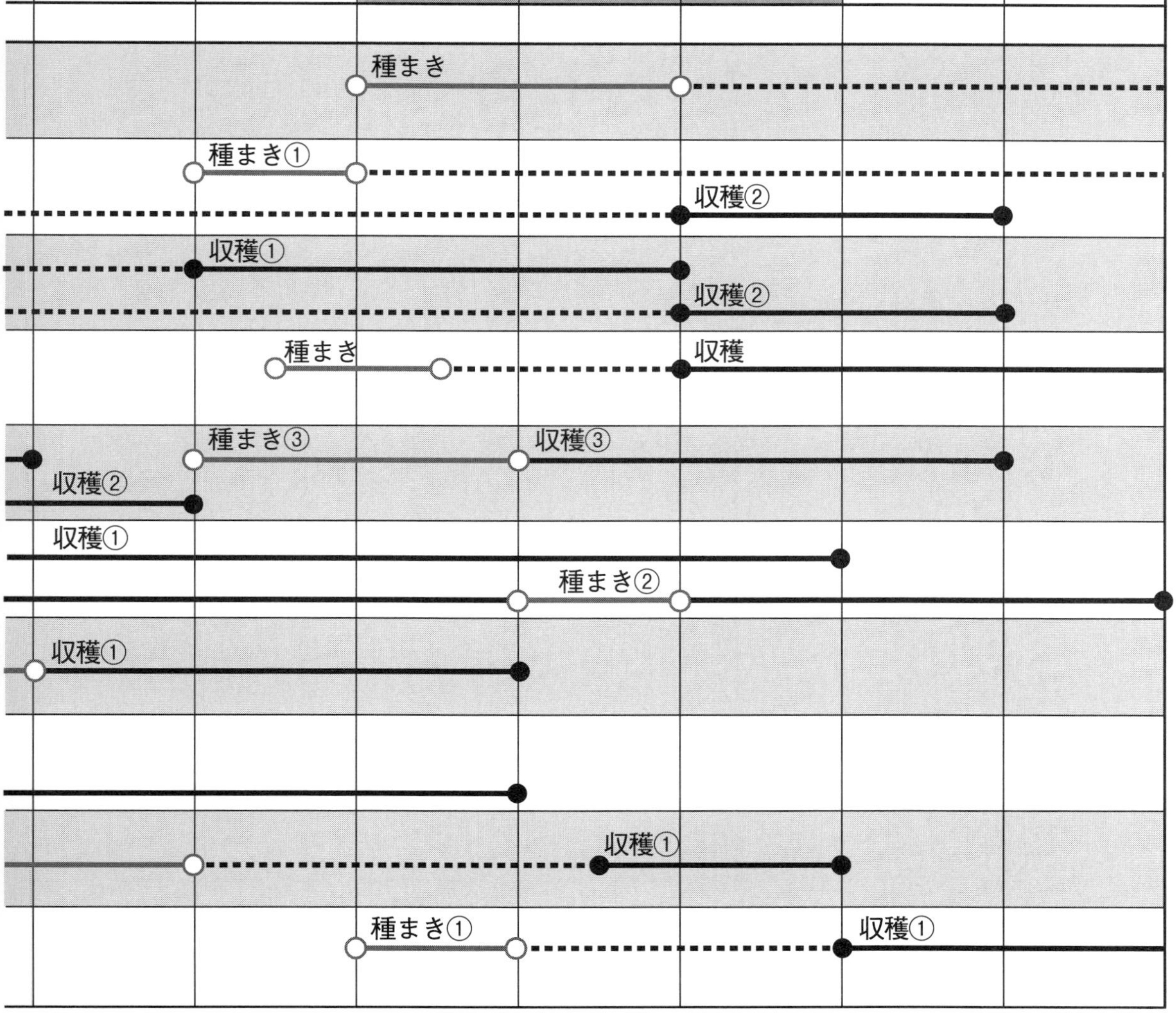

資料⑥

⑥野菜の栽培活動 —— 12カ月一覧表［根菜類］

	月	2		3		4		5		6	
	日にち	4	18	5	21	5	20	6	20	5	21
	24節気	立春	雨水	啓蟄	春分	清明	穀雨	立夏	小満	芒種	夏至
	太陽黄経	315°	330°	345°	0°	15°	30°	45°	60°	75°	90°
	暦上の季節			春						夏	
野菜名	気候上の季節	冬				春					
根菜類	原産地域										
カブ 	中央アジア ヨーロッパ南西部			種まき①		収穫②					
ダイコン 	地中海沿岸			種まき①					収穫①		
ニンジン 	アフガニスタン										
ゴボウ 	ユーラシア北部	収穫②				種まき①				収穫①	
サツマイモ 	中央アメリカ							植えつけ			
サトイモ 	中央アメリカ					植えつけ					
ジャガイモ 	南米チリ			植えつけ							収
ラッキョ 	中国南部 ヒマラヤ									収　穫	
ニンニク 	中央アジア								収　穫		
タマネギ 	中央アジア					種まき①		収穫②			
レンコン 	エジプト 中国説もある					収　穫					

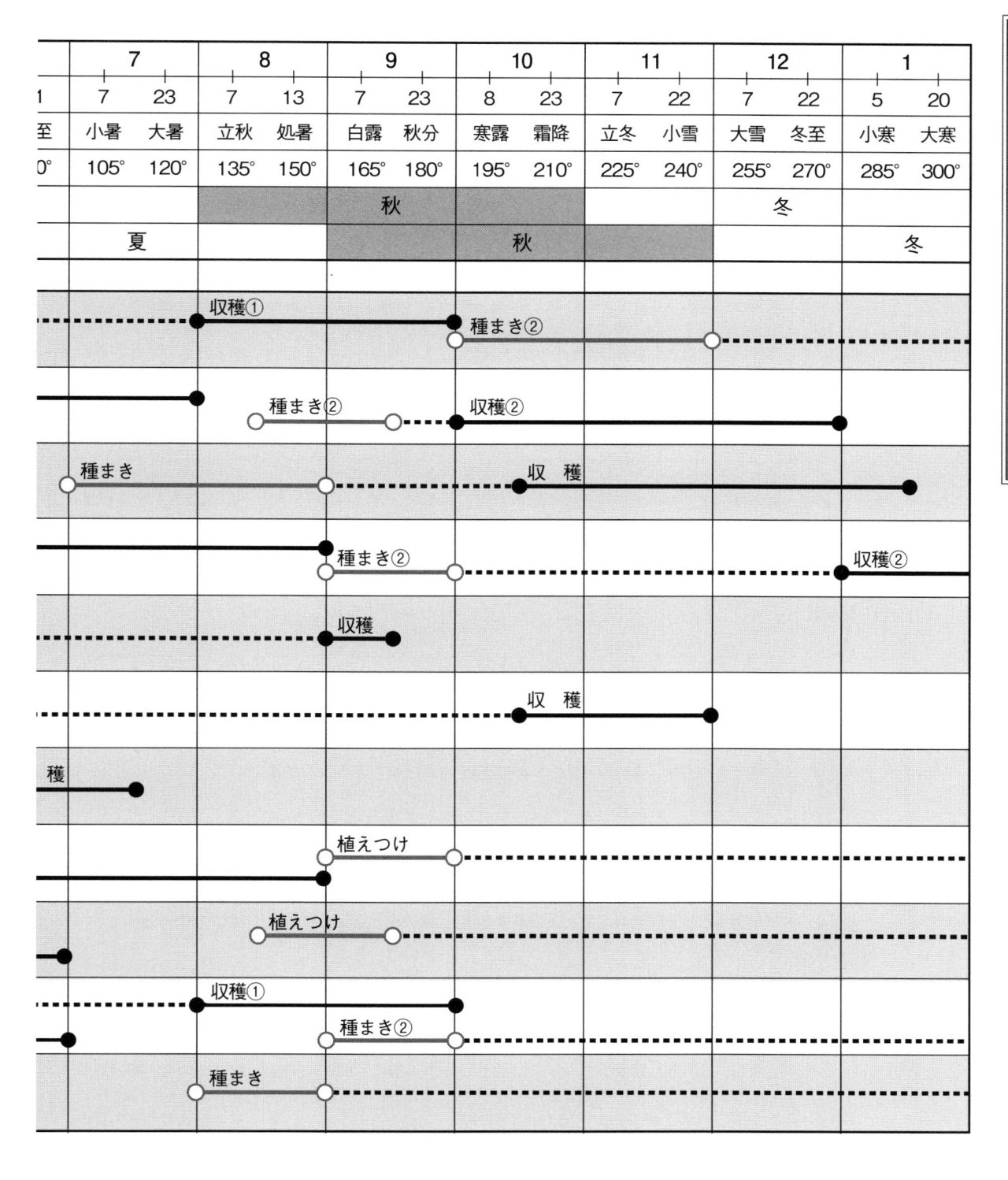

	7		8		9		10		11		12		1	
1	7	23	7	13	7	23	8	23	7	22	7	22	5	20
至	小暑	大暑	立秋	処暑	白露	秋分	寒露	霜降	立冬	小雪	大雪	冬至	小寒	大寒
0°	105°	120°	135°	150°	165°	180°	195°	210°	225°	240°	255°	270°	285°	300°
					秋						冬			
	夏						秋						冬	

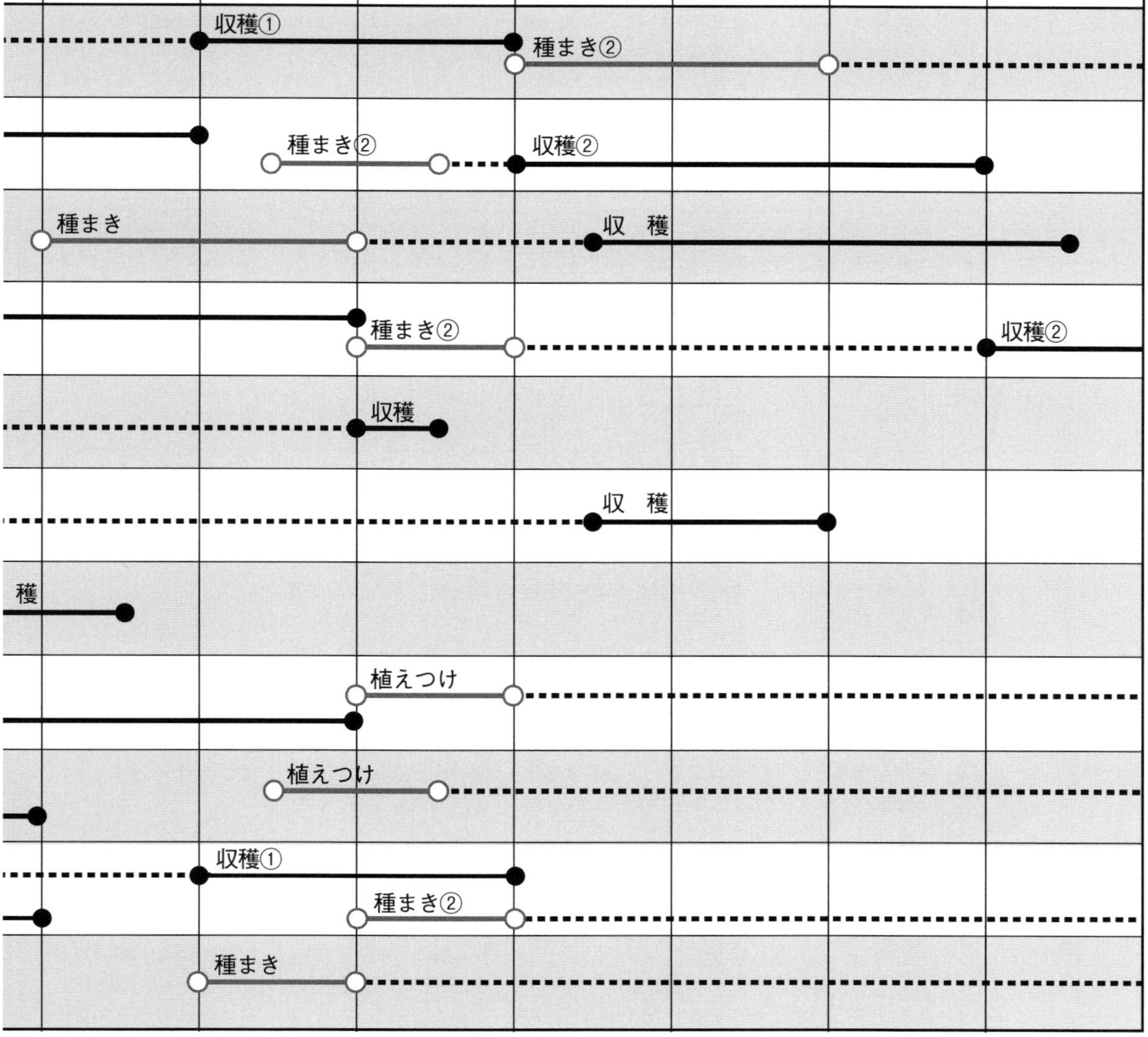

収穫①
種まき②
種まき②
収穫②
種まき
収　穫
種まき②
収穫②
収穫
収　穫
穫
植えつけ
植えつけ
収穫①
種まき②
種まき

⑦大きくなる木の種類と特徴

木の名前	特　　徴	花	実
イチョウ （イチョウ科） 	高さ30～40mと大木になる落葉樹。雄の木と雌の木の株は別。中生代ジュラ紀の化石が世界各地で見つかっているが、氷河期を耐えて生き残っているのは、今ある1種のみ。葉は扇形でふたまたに分かれ、秋には黄色に色づく。	新芽が開くのと同時に花をつける。雄の木の雄花の花粉は風に飛ばされて雌の木の雌花につく。9月頃、成長した精子が泳ぎだし卵細胞と結合し、銀杏になる。	銀色の粉をふくので銀杏とよばれる。実が黄色に熟すとくさく、かぶれる。中にある種子の白い部分（胚乳）を食べる。
モミジバ スズカケノキ （スズカケノキ科） 	高さ15～35m。落葉樹。日本で見られるスズカケノキ（プラタナス）はこの種。雄の木と雌の木は別。葉は大きく、幅広のカエデの葉に似る。若葉はもやもやした毛に覆われている。樹皮はまだらにはがれる。都市の街路樹に多く使われている。	春、葉のつけ根に、雄花は黄色、雌花は赤っぽく小さな花の集まりとなりボールのようになってぶら下がっている。	とげのある緑色の球形の実が11月頃茶色に変わり冬をすごす。中に綿毛のついたたくさんの種子が入っている。
シダレヤナギ （ヤナギ科） 	イトヤナギともいう。高さ5～15 m。落葉樹。雄の木と雌の木は別。枝は細く垂れ下がって揺れる。葉は細長い。ネコヤナギ、コリヤナギ（柳行李の材料）などもヤナギの仲間。川や堀、池などの水辺に植えられる。街路樹、庭木などとしても用いられる。	雄花、雌花は別の木に咲く。春3～5月、葉に先んじて暗黄緑色の花を穂状につける。	花の咲いたあとすぐ5 mmくらいの実がなり、割れて白い毛のついた種子を飛ばす。
ポプラ （ヤナギ科） 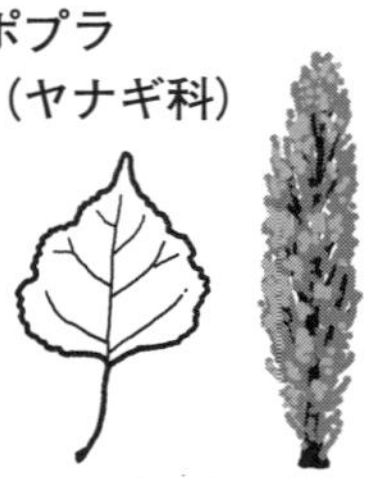	高さ15～25m。落葉樹。木はほうきを逆さにしたような形でそびえるように伸びる。セイヨウハコヤナギ。雌雄異株。葉は三角形に近い菱形（ハート形）で、秋には黄色に色づき美しい。樹の形が美しいので街路樹、公園樹などとして植えられる。	花は3～4月、葉の出る前に咲く。黄緑色の小さな花が集まって長さ5 cmほどの円柱状の花房となり尾のように枝からぶら下がる。	花が終わるとすぐに白い綿毛をつけた種子が大量にでき、風で飛ばされる。
ホオノキ （モクレン科） 	高さ10～30 m。落葉樹。30 cmほどもある大きな楕円形の葉は昔から食べ物を包んだり、食器として使われてきた。朴葉ずし、朴葉みそなど。同じような花の咲くコブシ、モクレンなどは仲間。谷間の明るい場所に自生するが、公園や庭にも植えられる。	黄味を帯びた白色で15 cmくらいの香りの強い大きな花が枝先で上向きに咲く（5～6月）。	紅色の実からたくさんの赤色の種子がたれ下がり散る（10～11月）。
ニセアカシア （マメ科） 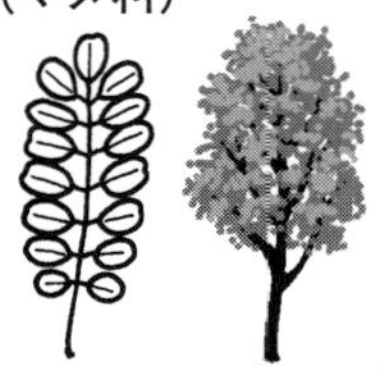	高さ10～30 m。落葉樹。ハリエンジュともいう。葉は楕円形の小葉が9～21枚、羽のように左右に並び全体で20 cmほどの複葉をなす。枝にとげがある。土木用材、器具材として用いられる。明治の初めアメリカから入ってきた。街路樹、公園樹、砂防樹などに使われている。	夏の初め、エンドウの花があつまったような白い花房がたれ下がる。蜜を求めてハチ類がよく集まる。	実は他のマメ類と同じようにサヤをつけ7～8月に熟れて割れ、豆が下に落ちる。

ケヤキ （ニレ科） 	高さ20〜30m。落葉樹。幹は太くまっすぐ伸びる。葉は3〜10cmの長卵形で周囲はのこぎりの歯状。表面はざらざらしている。樹皮は年をとると、うろこのようにはがれる。材質は堅く木目が美しい。建築用材料、木工品、楽器などに使われる。山地に自生するが、街路樹などにも多く植えられる。	花は淡黄緑色、新しい葉が出ると同時に咲く（4〜5月）。	小さく、少し扁平な実が10月頃枯れ葉のついた小枝とともに舞い落ちる。
イロハモミジ （カエデ科） 	タカオモミジ、イロハカエデともいわれる。高さ10〜30m。落葉樹。葉は5〜7本に手のひらのように分かれる（全体で3〜6cm）。カエルの手に似ているのでイロハカエデの別名がある。 秋には赤、橙、黄色に色づく。山地に自生するが公園や庭にも植えられる。	花は4〜5月頃、若葉が開くとすぐに、赤紫色と黄色の雄花と雌花が多数まじって一面に咲く。	翼を持った実が2つずつ広がった角度でつき、くるくると回りながら舞い落ちる（9〜10月）。
キリ （ノウゼンカズラ科） 	高さ10 m。落葉樹。成長がとても早くまっすぐに伸びる。葉は大形（10〜20cm）で幅広く掌状で5本の筋が通る。樹皮はウロコ状。山地に自生するが、軽く、湿気も通さず木目もきれいなので、タンス材として使われるため庭にも植えられる。家具、建築材など用途は広い。	花は淡紫色の筒状（ラッパ形）で枝の先に集まって咲く。	とがった実が9〜10月に枝先につき、熟れると2つに割れて中の種子が飛んでいく。
オニグルミ （クルミ科） 	高さ10〜30m。落葉樹。葉は10cmくらいの長楕円形の小葉が羽状に左右に分かれて何枚もつき、全体で50〜70cmの複葉となっている。樹皮はウロコ状。家具、建築の材料として使われる。山地の川沿いに自生する。	5、6月頃、雄花は緑色でひも状にたれ下がり、小さい雌花は枝先にかたまってつき、めしべの先は赤い。	実は直径5 cmくらい。中の種子は大きく、堅い殻の表面はでこぼこしている。この模様が鬼のように見えるところから、この名がついた。食用になる。
トチノキ （トチノキ科） 	高さ15〜35m。落葉樹。幹も枝も太い。葉はてんぐのうちわと例えられるように、5〜7枚の小葉を手の平を広げたようで大きく、15〜40cmにもなる。山地に自生するが街路樹、庭木などとしても植えられる。	5月、白色に紅色のまじったたくさんの小さな花が、枝の先に穂のようにかたまってまっすぐに立って咲く。	3〜4cmの実は分厚い皮に包まれ、9〜10月、熟すと3つに割れて、光沢のある褐色の種子を落とす。でんぷんに富み食料となる。栃餅、せんべいなど。
クスノキ （クスノキ科） 	高さ15〜25m。50mくらいになるものもある。常緑樹。木の太さは国内にある樹木の中で一番。葉は6〜10cmで先のとがった長楕円形。木や葉は良い香りがする。樟脳の原料となる成分を含む。建築材、彫刻材などに使われている。	5月頃、黄白色の小さい花をつける。	11〜12月に黒色の小さな球状の実を結びぶら下がる。

⑧季節の野草の種類と特徴

一年草：春に芽を出し、花を咲かせ、冬には枯れてしまう草をいう。

二年草：秋に芽を出し、春に花を咲かせ実をつけて枯れる草をいう。越年草ともいう。

多年草：一年以上にわたって生長する草をいう。

シダ類：花を咲かせないので実もない。胞子でふえる。

野草の名前	特　　徴	花・果実・種子や胞子などふえかたの特徴	利用（食用・薬用など）できるところ
フキ・フキノトウ **（キク科・多年草）** 	名前の由来は、拭くための葉「拭き葉」との一説。茎は地中にあり、30～70cmの葉柄の先に大きな腎円形の葉をつける。早春に葉に先立ち根茎から地上に多くの小さな花をかたまりとして咲かせるつぼみ（フキノトウ）を出す。	雌雄異株。3～5月、白色（雌花）もしくは黄色（雄花）の花を咲かせる。雌株にできる果実から綿毛をつけた実が風で飛ぶ。	花の部分をつぼみの内に食用。葉柄も食用。フキノトウをせんじて胃薬やせき止めにも使用。
ヨモギ **（キク科・多年草）** 	モグサ、ヤイトグサともいう。名前の由来は、モグサがよく燃えるところから「善燃草（よもぎ）」との一説。高さ50～100cm。葉は羽状に裂け緑色でうらは細かい白い綿毛がびっしりおおっている。香りが強い。	8～11月、淡黄色から淡褐色の小花（径、約1.5 mm）が集まって穂状につき大きな円錐状になる。地下茎をのばして先端に芽をつくり増殖する。	香りの高い若葉はもちやだんごに入れる。成葉は、乾燥させモグサとして用いられたり、煎じて腹痛、下痢止めなど薬用とされる。
スミレ **（スミレ科・多年草）** 	名前の由来は、花の形が大工の使う墨入れに似ていることから。高さ5～20cm。日本には約50種のスミレがあり、その総称としても使われる。多くの種類があり、花の色も違う（コスミレ、ヒゴスミレなど）。	4～5月に濃紫色の直径1～1.5 cmの花をつける。実は乾燥すると種をはじき飛ばす。	花は砂糖菓子など食用。葉は野菜として食べられる。
ナズナ **（アブラナ科・二年草）** 	名前の由来は、「愛（め）ずる菜」など諸説ある。実の形が三味線のばちに似ているところからペンペングサとも呼ばれる。高さ10～50 cm。秋に芽生えて冬を越し、春に花と実をつける（二年草）。春の七草の1つ。	3～6月、白色の4枚の花弁が十字形に、総状に咲く。	利尿、解熱、止血作用などがあるといわれる。
セリ **（セリ科・多年草）** 	名前の由来は、せり合うように新葉が生えるから。高さ20～80cm。湿地や水田に多い。葉に特有の香りがある。泥の中で枝をのばし、秋に節から根を出し、新苗が立ち上がる。春の七草の1つ。	7～8月に5弁の多くの小花が傘状にまるく集まって咲く。地下茎をひも状にのばしてふえていく。	よい香りのする若葉は食用。栽培もされる。血圧降下作用がある。猛毒のドクゼリは太い地下茎を持つので要注意。
レンゲソウ **（マメ科・二年草）** 	名前の由来は、花の咲く様子をハスの花（蓮華）に見立てて。ゲンゲともいう。中国原産。根に小さな粒々があり、空気中の窒素を植物の生長に役立つ形に変えてくれる根粒バクテリアが棲む。	4～6月、紅紫色の小蝶形の花を7～10個、輪状につける。種ははじけて飛ぶ。	土壌の肥料として植えられ、全草を緑肥とする。牧草としても良。利尿、解熱作用もあるといわれる。
シロツメクサ **（マメ科・多年草）** 	名前の由来は、江戸時代、オランダからガラス器を運ぶ箱のすき間につめものとして持ち込まれたことから。ヨーロッパ原産。クローバーともいう。	4～6月、白色の蝶形の小花が集まり、球状をなす。花の茎には葉はつかない。実ははぜて飛ぶ。	牧草、緑肥として栄養価が高い。

スイバ （タデ科・ 多年草） 	名前の由来は、葉や茎はシュウ酸を含み、酸っぱいから。スカンポともよぶ。高さ30～100 cm。雌雄異株。葉は長い楕円形でギシギシに似ているが、もとが深く切れ込んでいる。	5～8月、雄花は淡黄色雌花は褐色の小花をつける。雌花に褐色の実がつく。	若い葉、茎は食用。根はかいせんに効くとされる。
ギシギシ （タデ科・ 多年草） 	名前の由来不明。高さ20～100㎝。 雌雄同株。葉は長楕円形で濃緑色。幅4～10㎝で長さは10～25㎝にもなる。	花は4～8月、節ごとに淡緑色の小花が層をなしてつき細長い円錐状になる。果実は三稜形で翼があり集まってつく。	新芽をゆでて食べる。根は緩下剤として用いられる。
ドクダミ （ドクダミ科・多年草） 	名前の由来は、毒矯（どくだ）み、または毒溜（どくだ）めから。高さ30～50cm。葉はハート形で悪臭がする。細菌やカビを抑える働きのある、臭みのある物質を含む。茎は紅紫色。	花は6～7月、淡黄色の小花が棒状の軸にたくさん集まってつく。白く開くのは花びらではない。	葉、地下茎とも食用。乾燥させたものをお茶にしたり、生葉をもんで貼りつけたり、ニキビ、水虫などの薬用になる。
オオバコ （オオバコ科・ 多年草） 	名前の由来不明。高さ10～50 cm。ふまれることに強く、葉も花の茎も頑丈。根も抜けないほどに長く強い。葉は大きく、タマゴ形。葉の間から長い花茎をのばし、その先に長い花穂がつく。	4～9月、花穂に花びらのない白色の小花が穂状に咲く。雌しべが先に熟した後、雄しべが飛び出して花粉を風で飛ばす。	種子は利尿、せき止め、胃、肝臓にも効く。葉を弱火であぶってからもんで噛むと歯痛に効く。
イタドリ （タデ科・多年草） 	名前の由来は、「痛み取り」など諸説あり。高さ50～150 cm。雌雄異株。春、縮根から赤紫色の新芽を出す。太い茎は中空で節がある。葉は先のとがった長卵形で6～15cmになる。	花は7～10月、葉のわきから花茎をのばし、淡黄色や白色の小花を穂状に多数つける。9～10月、三稜を持つ果実をつけ、3枚の翼をもつ。	新芽は煮つけなど食用にも。利尿、健胃作用があり、他に便秘剤、下剤としても用いられる。
アカザ （アカザ科・ 一年草） 	名前の由来は、若い株の中心（座）が赤いことから。高さ1～2m。ユーラシア原産。葉は卵形、ふちにギザギザがある。ホウレンソウはアカザの仲間。	9～10月、黄緑色の小花を穂状にたくさんつける。 実も穂状になる。	若葉、若い実は食用。枯れた茎で、杖をつくる。
カラムシ （イラクサ科・多年草） 	名前の由来は、茎のことを「幹（から）」と呼び、蒸して繊維をとることから。マオとも呼ぶ。高さ1～3m。葉は先のとがった広めの卵形で10～15cm、表面はザラザラ、うらは白い綿毛が密生、ふちはギザギザ。茎は多少木質である。	7～9月、雌花と雄花は同じ株につく。雌花は茎の上部、雄花は下部に淡黄緑色の小花を穂状につける。実はやや長楕円形で毛が多い。	茎を蒸して皮から繊維をとる。船舶用の綱、漁網、かや、畳のふちなどに使われる。
クズ （マメ科・つる性多年草） 	クズ粉の産地は奈良県の「国栖（くず）」という地名であった。葉は、うらに細かい白い毛が密生した10～20cmの小葉が三枚集まった複葉である。茎はつるになって勢いよく他の植物をおおってしまう。秋の七草の1つ。	7～9月紫紅色2cmほどの蝶形の小花を15～25cmの総状につける。開花時に芳香がある。ミツバチが集まる。豆果は褐色の毛でおおわれ種子を数個入れてぶら下がる。	古くは茎から繊維をとった。根からデンプン（クズ粉）、干してかぜ薬、葛根湯（かっこんとう）の原料に。つるを乾燥させてリースの材料にもできる。

セイタカアワダチソウ （キク科・多年草） 	花が黄色く泡立っているように見えるアワダチソウの背の高いもの。北アメリカ生まれ。高さ2～3 m。明治の頃渡来、戦後都市化とともに広がった。葉や茎は細かい毛でおおわれ、ザラザラ。葉はやや厚く細長い。似た仲間のオオアワダチソウはザラザラしない。	9～11月に直立する茎の先に黄色い小花が集まって長さ10～50 cmの円錐状の花房をつける。有毛で飛散する種子と地下茎で繁殖力が強い。花はミツバチの秋の蜜源。	
アシ （イネ科・多年草） 	名前の由来は、「青し」から変化したという。ヨシとも呼ばれる。水辺に群生。葉は笹の葉形に似て線状、20～50cmになる。茎にそって互いちがいにつく。茎は中空で節がある。地下茎で一面に広がる。	8～10月、茎の先端にたくさんの紫色の小花が集まって円錐状につき、長さは15～40 cmの穂になる。	強い茎はよしずの材料。根茎は薬用にも利用。
ススキ （イネ科・多年草） 	名前の由来は、「すくすく立つ木（草）」からくるとの一説。オバナ、カヤなどとも呼ぶ。高さ1～2m。根元が大株で束になり群生する。毎年宿根から新芽を出す。葉は線状で50～80cmと長い。先はとがっており、ふちはざらつき手を切ることも。秋の七草の１つ。	8～10月、花茎を放射状に出し黄味を帯びた白色の花（雄しべ）をつけ、4～7mmの小穂がたくさん集まって15～30cmの花穂をつくる。小穂の下部に白毛をつけ絹糸状になる。実は毛で飛ぶ。	茎葉は屋根をふくのに用いる。
ヤマノイモ （ヤマノイモ科・つる性多年草） 	ジネンジョともいう。中国原産。雌雄異株。葉は長いハート形。葉のつけ根に、数cmの球状あるいは楕円状のむかご（珠芽）が生じ、落ちて翌年芽を出す。茎は細長く左巻きに他のものにからみつく。根は長い円柱状。	7～8月、葉の脇から穂状の白い小花の集まりができる。雄花は立ち上がり、雌花はたれ下がってつく。種子には3枚の翼、中の種にも円形の翼がついている。	むかご、根は食用。
アザミ （キク科・多年草） 	日本に約60種ある同種植物の総称。高さ40～200cm。葉は楕円状で羽状に裂け、深く切れ込み鋭い刺がある。単にアザミと呼ばれるものはノハラアザミが多く、葉脈が紅紫色なのが特徴。花の根元を包んで支える総ほうといわれる部分が鐘形である。	花は筒状の小花の集まりで、ノアザミは5～8月に紫色、ノハラアザミは10月に紅紫色の花をつける。ノアザミの総ほうは粘つくがノハラアザミのは粘つかない。実は毛がつき風で飛ぶ。	根が食用のものも薬用のものもある。
カラスウリ （ウリ科・つる性多年草） 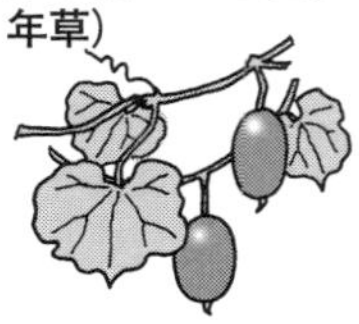	名前の由来は果実をカラスが残したからなどの説あり。つる性でのびる。雌雄異株。 葉は卵形掌状で、ごわごわして細かい毛が生えている。茎はつる状で巻きひげを出し、他のものに巻きつく。	8～9月、直径10cm程の白い５枚の花弁がつき、その周りから白色で長く糸状に細かく分かれてのびる。晩秋に5～7cmの赤い実をつける。種子は褐色で帯を結んだような形。	果肉は肌あれ予防として化粧水に。イモ状の根はデンプンがとれ、「天花粉」として利用される。利尿、催乳などの薬用にも用いられる。
ヒガンバナ （ヒガンバナ科・多年草） 	名前の由来は秋の彼岸の頃咲くことから。マンジュシャゲともいう。古く中国から来た。高さ30～50cm。晩秋、花が終わると30～60cmの線状の葉をつけ養分をつくり球根に貯え、晩春に枯れる。	秋、球根から一本の茎が30cmほどに直立し先端に10～20cmの真っ赤な花、何本もの雄しべ、雌しべを糸状に長く大きく輪状に開かせる。夏の間は球根として休眠している。	有毒植物である。毒を持つ球根（リン茎）で埋めた死人を動物からまもったという。茎を薬用、糊料に利用する。

⑨身近にいる昆虫 ― 12カ月一覧表

	3月 4月 5月 6月 7月 8月 9月 10月 11月 12月 1月 2月
オオカマキリ 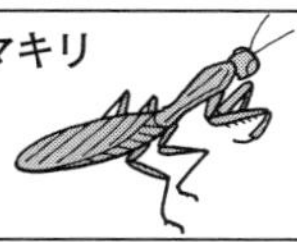	卵は林の周りの草原で枝にスポンジのようにつくられた袋の中に産みつける。 卵 幼虫・成虫は夏から秋に林の周りや草原にすみ昆虫や小動物などを食べる。
カブトムシ 	幼虫は腐植土の中やくち木の下で冬をすごす。腐葉土を食べて成長する。 6月頃サナギになり、その後成虫となって、コナラなどの樹液を吸う。
ノコギリクワガタ 	幼虫はくち木を食べて育つ。成虫はクヌギ、コナラなどの樹液を吸う。
モンシロチョウ 	幼虫はキャベツやアブラナを食べて成長しサナギで越冬する。成虫は花の蜜を好む。
アゲハ（ナミアゲハ） 	成虫は花の蜜を好む。夏の終わりに産みつけられた卵は幼虫になり、カラタチ、キンカンなど柑きつ類の葉を食べ、秋にサナギとなり越冬する。次の春に羽化・成虫となる。
ナナホシテントウ 	畑や草地にすみ、幼虫も成虫もアブラムシを食べる。草の根もとや落ち葉の下で成虫で冬をすごす。身を守るため危険を感じると足を縮めて地面などに落ちる。
クマゼミ アブラゼミ ミンミンゼミ 	成虫はサクラなどの木の樹液を吸う。枯れ枝などで卵からふ化した幼虫は、地面にもぐり地中で木や草の汁を吸い、数年かかって育つ。アブラゼミの場合は6年後に地上に出て、羽化・成虫となり、ジージリジリと鳴く。クマゼミはシャアシャア、ミンミンゼミはミーン、ミーンと鳴く。セミはサナギにはならない。
エンマコオロギ 	成虫は里山の草原、畑、公園の草地にすむ。幼虫も成虫もいろいろな虫や植物を食べる雑食性。卵で越冬する。ハネをこすり合わせてコロコロコロリーと鳴く。
キリギリス 	成虫は里山の草原、土手の草地などにすむ。幼虫も成虫も雑食性。卵で越冬する。ギーッションと鳴く。
シオカラトンボ アキアカネ 	幼虫はヤゴとよばれ、田んぼや池で水中生活し、水中昆虫などを食べて越冬する。翌年4月から9月に羽化し、成虫となる。トンボの仲間はサナギにはならない。成虫は水辺に産卵する。アキアカネは成虫になると山地に移動して夏を過ごし、秋には産卵のため平地に戻ってくる。体の色はだんだんと赤くなる。 ヤゴ 成虫
シロスジカミキリ 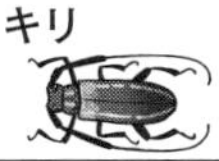	成虫はクヌギ、クリ、コナラなどの枝で見つかる。幼虫はこれらの木の幹の中、生木を食べて越冬する。成虫は昼間よく飛び回り、ギーギーと音をたてる。
ゴマダラオトシブミ 	コナラ、クヌギなどの葉をまるめてゆりかごをつくり、中に卵を産む。幼虫も成虫もクリ、コナラ、クヌギなどの葉を食べる。成虫で越冬する。 ゆりかご 成虫
トノサマバッタ ショウリョウバッタ 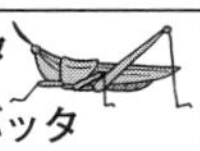	成虫は明るい草原、川原、土手の草地でくらしている。土の中に産卵、卵で越冬し、幼虫になって土から出てイネのなかまを食料にする。トノサマバッタは大量発生することがある。ショウリョウバッタのオスは飛ぶときキチキチと音を出す。
コガネムシ 	幼虫で越冬し、草や木の根で育つ。成虫は木や草の葉を食べる。里山で見られる。
タマムシ 	成虫は7〜8月、里山で見られる。サクラなどの弱った木を食べながら幼虫で越冬する。
ホタル 	成虫は水辺にすんでいる。落ち葉やコケに卵を産む。幼虫は水中生活をしてカワニナを食べて越冬し、陸に上がってサナギになる。

⑩季節の鳥たち ― 12カ月一覧表

鳥の名前	見られる季節	動作や鳴き声の特徴	体の特徴（全長=くちばしから尾の先まで）	よく見られる環境	エサ
スズメ 	一年中	両足をそろえてはね歩く（ホッピング）。通常はチュンチュン、警戒時はジュリジュリと鳴く。	全長15cmほど。体は褐色。くちばしの下は黒く、ほおに黒斑。	民家周辺	草の実や穀物、昆虫など
キジバト 	一年中（寒い地方では春〜秋）	羽ばたき飛行。多くの場合つがいで見られる。群れることはあまりない。グッグルーと鳴く。	全長33cmほど。首に黒色のしま模様。つばさは赤褐色。尾羽の先端は白。	森林、市街地、公園	草の種子や実、木の実
ハシブトガラス 	一年中	すんだ声でカーカー、アーアー、アハハハなどと鳴く。上空で集団で騒ぐときは攻撃準備のことが多い。	全長56cmほど。体全体が黒い。太くて湾曲したくちばし。ひたいが出っぱっている。	森林、川原、海岸、市街地	雑食
メジロ 	一年中（寒い地方では春〜秋）	蜜を求めて春にサクラ、ウメ、ツバキなどに来る。チイー、チイーチュルチイーチュルと美しく鳴く。	全長12cmほど。スズメより少し小さい。暗黄緑色の体。目の周りが白くて丸い。	山地や平地の森林、市街地の公園	花の蜜、昆虫、木の実など
シジュウカラ 	一年中	縄張り意識が強い。枝先にさかさまにぶら下がることも多い。ツーピー、ツツピーとよくとおる声で鳴く。	スズメとほぼ同じ大きさ。頭は黒色、ほおは白色。のどから胸、腹にネクタイのような黒い線状模様。	山地の森林、市街地、巣箱など人工物	
コゲラ 	一年中	木の幹に体を立ててとまり、トントントンと軽い音を立ててつつく。枝から枝へ飛び移る。ギーギーと鳴く。	スズメとほぼ同じ大きさ。体は褐色、背と翼に白黒のしま模様。	森林、市街地、緑の多い公園	樹上の昆虫
モズ 	一年中（寒い地方では春〜秋）	長い尾を回すように動かす。キイーキイー、キリ、キリなどと高い声で鳴く。他の鳥の鳴き声をまねる。とらえたカエルなどを枝に突き刺す習性（はやにえ）がある。	全長20cmほど。頭は橙褐色。くちばしは太くかぎ状。尾は長め。オスはくちばしから目を通る黒い線。つばさに白斑。	明るい林や草原、農耕地周辺、川原、公園	地上の昆虫、カエル、トカゲなど
ヒヨドリ 	一年中（寒い地方では春〜秋）	体を立てて枝にとまる。波状飛行をする。ピイ、ピイ、ピーヨピーヨと甲高く鳴く。ホバリングして花の蜜をのむ。	全長28cmほどの中型の鳥。灰白色の体、頭がぼさぼさ。尾が長い。	森林、市街地の公園、街路樹	木の実、昆虫、葉菜、蜜など
トビ 	一年中	上昇気流にのり、つばさを水平に保ち、羽ばたかずに輪を描くように飛ぶ。ピーヨロロと鳴く。	ハシブトガラスより少し大きい。褐色の体、くちばしは短いがかぎ状。尾の中央がへこんでいる。	森林、海岸、湖沼、農耕地、街路樹、	雑食
ウグイス 	一年中（寒い地方では春〜秋）	春先にホーホケキョなどと鳴く。ふだん姿を見せず、ササ薮の中でチャッチャッと鳴いている。	大きさはスズメと同じくらいだが、尾が長い。体はオリーブ色がかった茶褐色、腹は薄い褐色。	夏は山地の森林、冬は市街地にも移動	昆虫や木の実

ヒバリ 	一年中 （寒い地方では春～秋）	繁殖期のオスはなわばりの上空をピーチクパーチクと鳴きながら上昇し、ホバリングする。	大きさはスズメと同程度だが、足は長い。頭頂の毛（冠羽）を立てることが多い。体は淡黄褐色、黒の斑点。	草原、川原、農耕地	昆虫、草の実など
ムクドリ 	一年中 （寒い地方では春～秋）	数羽で歩きまわっていることが多い。キュルキュル、リャーリャーと騒がしく鳴く。秋冬には数千羽、数万羽の群れをつくることもある。	全長24cmほど。全体に黒っぽいが、ほおは白色がまじり、くちばしと足は橙色。飛んだとき腰と尾の先に白色。	市街地や農耕地、竹藪、街路樹	昆虫、木の実など
ツバメ 	春～秋	飛行は速く、巧み。泥を集めるとき以外ほとんど地上におりない。チュピッ、チュピッと鳴く。	大きさはスズメと同程度。黒色で腹は白く、ひたいとのどが赤い。尾は長くふたまたに分かれている。	農耕地、市街地、軒先（泥と枯草で巣をつくる）	飛んでいる虫
ツグミ 	春～秋	ピョン、ピョンと数歩ホッピングしては胸を反らせて立ち止まる。クイッ、クワッ、などと鳴く。	大きさはムクドリと同程度。顔は白っぽく、褐色の羽根。胸から腹は白く、黒の斑点。	森林、農耕地、市街地、公園	ミミズ、木の実など
ハクセキレイ 	一年中	尾を上下にふる。波状飛行。昼は単独か数羽で行動するが、夜には建造物のすきまや街路樹で集団で眠る。チチン、チチなどと澄んだ声で鳴く。	スズメより少し大きい程度だが尾が長く、全長は2倍くらい。くちばしから目を通る黒い線がある。ほおは白色。頭頂、胸と羽根上部は黒。顔、腹は白い。	水辺、冬は市街地、街路樹、人工物のすきま	昆虫など
イソシギ 	一年中 （寒い地方では春～秋）	あまり羽ばたかず直線的に飛ぶ。尾を上下にふりながら歩く。偽傷してヒナをまもる。チーリーリと細い声で鳴く。	大きさはムクドリと同程度。頭、体の上部分が黒褐色で白がまじり合う。腹部は白い。くちばしは細くて長い。足は黄褐色。	川原、海岸の草地や岩場	水面上の昆虫など
カイツブリ 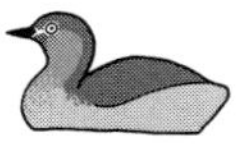	一年中 （寒い地方では春～秋）	足にヒレがあり、全身潜って魚をとる。水面に浮巣をつくる。ヒナを背中にのせて泳ぐ。ケレケレケレと大きな声で鳴く。	大きさはキジバトと同程度。体は茶色で尾羽がないので、丸く見える。夏は首の羽根が赤色になる。	湖沼、川、公園の池	水生昆虫、小魚など
ウミネコ 	一年中 （寒い地方では春～秋）	飛んでいることが多い。ニャオーニャオーと、ねこのような声で鳴く。	全長45cmほど。くちばしは黄色、先端に赤と黒の模様。羽根は濃い青灰色、胸、腹は白く、足は黄色。	海岸、断崖付近の草地	雑食
カルガモ 	一年中 （寒い地方では春～秋）	頭だけ水に潜る。助走なしで水面から飛び立つ。親鳥は擬傷する。ガーガーと鳴く。	全長61cmほど。くちばしは黒く先端が黄色。体全体が褐色で黒色の斑点。	湖沼、川、市街地の公園	水草、水生昆虫、草の実など
コサギ 	一年中 （寒い地方では春～秋）	よく見るシラサギのこと。首をちぢめ、足をのばして飛ぶ。魚をとるのに様々な工夫をする。ゴアーと鳴く。	全長61cmほど。黒く長く細いくちばしと足。足指が黄色。夏は後頭部から長い2本の冠羽がのびる。	川、湖沼、水田、干潟	魚、カエルなど
コアジサシ 	春～秋	ホバリングで魚を狙い急降下、水に飛び込み捕らえる。キリッキリッと鳴く。	カモの仲間。全長28cmほど。尾はふたまたに分かれ長い。くちばしは長く黄色、先端は黒い。胸、腹は白い。	川原、海岸（砂浜、砂地に巣をつくる）	小魚など

⑪名古屋芸術大学「自然とくらしを楽しむ会」の活動と学生の感想

2007年5月、名古屋芸術大学人間発達学部の開設とともに立ち上げた「自然とくらしを楽しむ会」では、以下のような活動を行う中で、自然・生活体験や知識の少なかった学生たちが徐々に自然と生活から学ぶことの楽しさ・大切さに気づき、（1）子どもたちと一緒に感動を楽しみたいという思いと、（2）保育者・教育者が子どもたちに伝えていかなければ人間らしい五感を持ち命を大切にする子どもたちを育てることができなくなるという思いを強めていった様子を報告したいと思います。

1.　くらしを楽しむ体験	
■2008年5月　かしわ餅づくり 5月にはまだ柏の新葉は出ていないので、スーパーで去年の葉の束を売っていると聞き、米粉と餡とともに買出しに行きました。米粉を練って蒸し、手の平に薄く延ばして餡を入れ、葉に包んで再度蒸しました。形や厚さは様々でしたが出来立ての味は格別でした。	小竹美帆 浦野いず美
■2008年12月　お餅づくり もち米からおもちをつくり、つくり立てのお餅をきなこやあずき、大根おろし、ほうれん草と黒ごまあえなどで食べました。自分たちでつくり、大勢で食べるのはとても美味しく、楽しい体験でした。	東別府茂樹 早川由美 飯田恵
■2009年5月　よもぎ餅づくり 小学校の帰路、よもぎを摘んだ懐かしい思い出が蘇りました。調理したことはなかったのでいい機会でした。五条川の土手で摘んだよもぎを洗い、ゆでて灰汁を除くという単純な作業でしたが、茎から葉をとらずにゆでてしまい、あとから切り離すのはとてもやりにくいという失敗をしてしまいました。やってみて失敗するとそのことはずっと忘れないので、何事も体験してみるということが大事だと思いました。	関田茉莉
■2009年7月　すいか提灯づくり 初めてすいか提灯をつくりました。ハロウィンの時期にかぼちゃでつくられた提灯は見たことがあったのですが、すいかでつくったので驚きました。すいかの皮表面にサインペンで顔を描き、きりで細かく穴を刺した後、カッターで切り落とすと簡単にパカッととれます。目や口の形ですいかの表情がかなり変わるのだろうなと思いました。	説田恵里
■2010年1月　春の七草粥と我が家の正月自慢料理一品持ち寄り会 近藤先生が岐阜の田畑の畦で摘んで来てくださった春の七草で、七草粥をつくって食べました。実際に見て、触って、七草を覚えることが出来て本当に良かったです。私は七草粥を食べたことがなかったので草の味が強いと思っていましたがとても美味しくて驚きました。そして野原先生に温泉卵が簡単につくれる方法も教えて頂きタンパク質も摂れました。また、学生が1品ずつ料理を持ち寄り、きんぴら、じゃがいも炒め、トーフハンバーグ、赤かぶ漬けなど、みんなの家庭の味が交流し、楽しみました。	加藤千絵

2.　自然に親しむ体験	
■栽培活動 草花の水やりを通して、花が咲いたときの喜びや楽しみを知ることが出来ました。ゴーヤがなり大きくなっていくのも楽しみました。草花の栽培は子どもたちにとっても責任感が育ったり、思いやりの心が育まれたりなどいいことだと身をもって知ることができました。子どもたちにそういった経験を伝えるには自分が経験することが大切なので、これからも色々なことに挑戦していきたいです。	糟谷晃稔 大野康 西尾優

■ 2008年8月　長野県木曽郡薮原合宿

そば打ちや渓流釣りなど初めての体験をしました。そばの太さは様々でこれは手つくりでしか味わえないものだと感じました。透き通った水の川では皆が童心に返って水鉄砲で遊んだり、石陰に潜む小さな魚を見つけたり大自然ならではの遊びを発見できました。夏の強い日差しの中を散歩している時、野原先生が大きな蕗の葉っぱを日傘代わりにしているのを見てまるでトトロの世界に来たような気持ちになりました。大自然には発見できることがいっぱいで、とっても伸び伸びできることを実感しました。

戸澤緑
徳永朱音

■ 2009年6月　郡上八幡　山と川の学校　春の巻に参加

山と川の学校では、自然のもつ素晴らしさを感じました。バームクーヘンを材料塗りと焼く作業を20回繰り返してつくったり、竹フォークを削ったりと、普段はできない貴重な体験をしました。子どもたちが最高の笑顔で「また来るね」と言っていたのを聞いて、自然には子どもたちを惹き付ける素晴らしい魅力があるのだと感じました。

佐藤友幸
中河唯
岡田悠輝
内海優太

■ 2009年8月　岐阜県中津川市加子母合宿

収穫体験をさせていただいたトマトやトウモロコシがとてもおいしかったことが特に心に残っています。獲れたてのトウモロコシが、生で食べられて、しかも甘くておいしいことを初めて知りました。この地域は、林業、農業、畜産そして人びとがとてもパワフルで元気をもらって帰りました。

小林馨之

3.　ボランティア活動

■ 2008年10月　大学祭（おしるこ・お雑煮・伝承玩具の販売）

これまで自分でおしるこやお雑煮をつくったことはありませんでした。それどころか、お雑煮に関東風と関西風の違いがあることさえも知りませんでした。自分たちでお餅もつくったので、完成した時はとても達成感がありました。伝統というとどこか硬い感じがしますが、伝統というのは私たちのすぐ近くにあるものだと思います。私たちは、お正月にお汁粉やお雑煮を食べますが、それも伝統の一つです。伝統というのは義務で残していくものではなく楽しいから伝わっていくものなのだと思います。だから伝統は色々な人を親しくさせる力があるのではないでしょうか。

久保田絢也
田岡菜穂
河澄康太郎
真野果奈美

■ 2009年3月　中京テレビ主催「すこやかフェスタ」

「フラワーアレンジメント」「草花あそび」どんぐりのペンダントづくり、Ｍｙ箸づくり、果物・野菜あてクイズ、くちなしの実で染物などをしました。自然に触れて遊ぶことが減ってきている中、自然物を使ってものづくりや遊びをしてる子どもたちの生き生きとした姿を目にすることができ、幸せを感じました。

蟹江里美

■豊田自工のものづくりの会

とくさでマイ箸磨き、ようしゅ山ごぼうやくちなしの実の汁での染め物、木の実をあしらったフォトフレームづくりなど、今の子どもたちにとって楽しめる遊びかなという不安もありましたが、どの子も楽しそうに取り組んでいたし、とくさに触れ「こんなのがやすりのかわりなんだねぇ～」と面白い発見をしてくれる子もいました。子どもたちも私も、このイベントに参加する事によりさまざまな発見をする事が出来ました。これからも、このような活動に参加していきたいです。

藤谷拓美

■ 2009年10月　大学祭

学祭では、野菜スタンプ、フォトフレーム、とくさでマイ箸つくり、果物あて、ススキでみみずくつくり、葉っぱ遊びをしたり、合宿でおいしくて感動した加子母のトマトジュースを販売したりしました。自然物での遊びに子どもたちが来てくれるか不安でしたが、たくさんの子どもたちが来てくれて楽しそうに遊んでくれたので、やはり子どもは本来、自然が好きで必要としているのに、大人が環境を奪ってしまっているのではないかと思いました。私が一番印象に残っているのは、すすきでみみずくをつくる遊びです。子どもや親が見本の作品を見て、すすきでみみずくがつくれることにとても驚き、作品をつくった後どこに飾るか楽しそうに話している姿を見てとても嬉しかったです。このようなイベントを沢山開き、より自然とかかわれる機会を子どもたちにつくってあげたいと思いました。

高木優里
石川千夏

すすきみみずくをつくるためのすすきの穂をとるのに４日間かかりました。薄暗くなって、車のライトで照らし作業したことを覚えています。目当ての場所に行っても地形や様子が変わっていることが多く、とくにセイタカアワダチソウに占領されていたことに驚きました。やっと集めた材料で子どもたちが物珍しそうに興味を持ち、楽しんでいたことが本当に嬉しかったです。やって見なければわからないことを、なければわからないことを、楽しみながら、そして喜んでもらいながら真剣に学ぶことができ、皆で協力することの大切さや有難さを実感することができました。

清水佑

■ 2009 年 12 月　自然物だけのリースづくり

ある子ども会からクリスマス会での自然物を使った遊びの紹介の依頼があり、自然の蔓を使ったリースづくりを体験してもらう事にしました。針金など一切使わず、木曽川べりで採取して来た葛《くず》の蔓をぐるぐる何重かの輪にして、それを蔓で縛って整え、その上にどんぐりやマツボックリ、クチナシの実などの自然物をつけていきます。1 ～ 6 年生までの 40 人、高学年の子も思った以上に楽しみながらつくっていました。「家の玄関に飾る!」と言っていた子どもたちの笑顔が今でも忘れられません。

大竹正和

4．2008 ～ 2009 年度　近藤宏先生の自然講座を聴いて

1月に2回行われる近藤先生の自然講座では、植物の説明を聴いた後、実際にその植物を見たり、触ったり、匂いを嗅いだりして、知識と実物とを結び付けます。講座で知った植物を、後日見つけることができるようになり、その時の感動は忘れられません。このサークルに入るまでは自然が好きといっても身近にどんな植物があるか知りませんでした。今ではどんな植物があるのか覚えるのが楽しみになりました。また、クラブでは季節感を大切にしているので、季節に合った行事も行います。一人ではなかなかできない貴重な体験をし、知識も増えてきたので、まずは実習の時などを皮切りに、少しでも子どもたちに伝えていきたいと思っています。

日野友美
後藤博子

あとがきにかえて

私たちは「四季折々の自然豊かな日本」に暮らしています。私は長年、その四季に応じた草花を使って子どもたちといろいろなものをつくることで「自然の中での遊び」を教えていけば良いと考えていました。しかし草花の一つひとつをよく観察したり、触れてみたり、匂いを嗅いでみたり、本当の自然を理解して教材にしたかと省みた時、それはとても不十分なものでした。

近藤先生の講義に参加する中で、「草花の本来の成り立ち・姿」を知ることができました。
単に草花を教材として見るのではなく、自然の不思議さ・美しさ・逞しさを子どもたちと感動することを第一とし、イメージをたくさん膨らませてから、製作にも臨むようになりました。

カモミールの花を黄色い部分を摘んで揉み、2 歳の子どもたちに示すと、その匂いに感動し、自分から草花に触るようになりました。ピーマン・オクラ・ゴーヤを育ててみると、今まで食べれなかった子が、食べられるようになったり、それらでスタンピングなどをしながら、野菜に親しみを感じるようになりました。

幼児期には五感を使った体験が自分の知識になり、記憶していくものだと改めて感じることができました。保育・教育の現場で、この本を活かして実践していただければと思います。きっと、今日の教育の中で足りなかったことに気づき、新しい見方・伝え方ができるようになるかと思います。子どもたちと生き生きした感性を磨いていきましょう。

（笹瀬ひと美）

3 歳から父親の故郷に疎開し、12 歳まで埼玉県秩父の山と川と細長い田畑のある美しい町に育ちました。幼児期・小学校期は戦後 10 年程の貧しい時代でしたが、稲の実り・作物や果実の収穫の喜び、嵐や洪水などの自然災害への恐れ、様々な伝統行事やお祭りのウキウキした気分などが今も鮮明に甦ってきます。

中学から大学院までの十数年間は都会で下宿生活、書物から学ぶことに熱中した毎日の中で、生産的な自然や生活とは切り離されて過ごしてしまいました。児童期までの楽しかった原体験が基盤となっているように思いますが、研究テーマは一貫して「教育における生活と科学の結合」に置いています。

就職・結婚・子育ての中で、生活者としての暮らしを得、自分の研究テーマについても、幼児期と児童期に運動・感覚・手を駆使して、知性を獲得していくモンテッソーリ教育法にも出会いました。子どもの生活・遊びなどの体験の内容を豊かにしながら、優れた教材・教具により、理解を深めたり、知識を整理したり、未知の世界について探訪していくことの大切さを痛感しています。

学生たちに、自然とくらしに根ざし、発展させていけるような生活力ある保育者・教育者になってほしいと願い、愛知江南短期大学に勤務した 25 年間は「伝承遊び研究会」顧問を、6 年前に名古屋芸術大学に移ってからは「自然とくらしを楽しむ会」顧問を引き受けました。これも学生たちとともに実践的に自然とくらしを楽しむ場がほしかったからでした。

5 年前、自然保育実践者の福地春生さんの紹介で、自然について博学な知識と豊かな教育実践歴をお持ちの近藤先生に巡り会いました。具体物を示しながら進む近藤先生のご講義をお聴きする度に、私も学生も自然界の命の営みの力強さに幾度となく感動してきました。

その感動を皆様に伝えたいと出版を思い立ちましたが、肝心の近藤先生の体調が思わしくなくなり、十分先生のお力をお伝えできていないことを申し訳なく思っています。

名古屋芸術大学美術学部卒業生の本間希代子さんの素晴らしいイラスト、編集協力者の方々の的確なアドバイス、合同出版の名古屋出身の三浦早良さんの根気強さに助けられ、なんとか日の目を見ることができました。保育・教育の場、家庭で、子育てのちょっとしたヒントになることがあれば幸甚に思います。

（野原 由利子）

参考図書（順不同）

＜くらしの本＞

『日本のくらし　絵事典』PHP 研究所【編】、PHP 研究所、2005 年
『心をそだてる　子ども歳時記 12 か月』橋本裕之【編】、講談社、2005 年
『家族で楽しむ日本の行事としきたり』石田繁美【編】、ポプラ社、2005 年
『イラスト版　子どもの伝統行事』谷田貝公昭【監修】、合同出版、2006 年
『フレーベル館の図鑑ナチュラ　はる　なつ　あき　ふゆ』無藤隆【総監修】、フレーベル館、2006 年
『四季の行事がわかる本』ニコワークス【著】、メイツ出版、2007 年
『楽しく遊ぶ学ぶ　きせつの図鑑』長谷川康男【監修】、小学館、2007 年

＜自然の本＞

『授業に生かせる手作りあそび』２～５巻、近藤宏【編】、あゆみ出版、1980 年
『ニューワイド学研の図鑑　植物』大場達之【総合監修】、学研、2008 年改訂版
『小学館の図鑑　NEO5　鳥』上田恵介、柚木修【指導・執筆】、小学館、2002 年
『小学館の図鑑、NEO　昆虫』小池啓一ほか【指導・執筆】、小学館、2002 年
『飼育と観察』筒井学、萩原清司、相馬正人、樋口幸男【指導・執筆】、小学館、2005 年
『自然発見ガイド　野鳥』市田則孝【監修】、学研、2006 年
『野鳥――日本で見られる 287 種判別のポイント』真木宏造【監修】、永岡書店、2008 年
『ポケット版学研の図鑑　昆虫』岡島秀治【監修】、学研、2002 年
『葉形・花色でひける木の名前がわかる事典』大嶋敏明【監修】、成美堂出版、2007 年
『ひろってうれしい知ってたのしい　どんぐりノート』いわさゆうこ・大滝玲子【作】、文化出版局、1995 年
『20 本の木のノート』いわさゆうこ【作】、文化出版局、1997 年
『木の実ノート』いわさゆうこ【作】、文化出版局、1999 年
『まつぼっくりノート』いわさゆうこ【作】、文化出版局、2001 年
『野の草ノート』いわさゆうこ【作】、文化出版局、2004 年
『野の草なまえノート』いわさゆうこ【作】、文化出版局、2005 年
『野菜ノート』いわさゆうこ【作】、文化出版局、2008 年
『新しい教養のための理科　基礎編』啓明舎【編】、誠文堂新光社、2008 年

＜資料＞

『岐阜県保育研究協議会　自主研究グループ報告書』2000 年
『中日サンデー版―日本の暦―』中日新聞社、2005 年 9 月

編著者・イラストレーター・編集協力者一覧

■編著者

近藤 宏

1934 年、岐阜県高山市生まれ。1958 年岐阜大学学芸学部生物・地学科を卒業後、岐阜大学教育学部付属小学校など岐阜県下の小学校で教諭を務め、1994 年岐阜市立華陽小学校校長を最後に退職。愛知県立大学児童教育科、岐阜市第 2 看護学校などで非常勤講師を務めた。

野原 由利子

1972 年、東京大学大学院教育学研究科博士課程単位取得。三重県暁学園短期大学、愛知江南短期大学、名古屋芸術大学人間発達学部を通して 40 年間保育者養成に携わってきた。名古屋芸術大学名誉教授。「日本保育学会」「日本モンテッソーリ学会」「子どもの遊びと手の労働研究会」所属。

笹瀬 ひと美

1983 年、保育士資格・幼稚園教諭免許を取得。`96 年まで企業内保育リーダーを務めた後、有給休暇代替保育士、子育て支援員、児童厚生員、保育アドバイザー、園長代理など務める。修文大学短期大学部幼児教育学科准教授。保育の現場で得た子ども達の様子や生きた実践を教える。`09 年 10 月に共同で名古屋芸術大学内に、`15 年 1 月に単身で愛知江南短期大学内に子育て支援センター開所を行い、子育て支援テクニカルアドバイザーも担当。愛知県現任保育士研修会講師、保育者研修会講師、子育て講演会、講座など行う。

■カバー・本文イラスト

本間希代子（絵描き・イラストレーター）

1996 年、名古屋芸術大学美術学部洋画専攻卒業。翌年から岐阜県の森林山村文化研究員（森の交流大使）として岐阜県加子母村（現中津川市）に赴任。任期終了後独立し、画家・イラストレーターとして同村にて活動中。移住以来「加子母歌舞伎」に役者として参加。かしも通信編集委員。HP(アトリエ玉手箱)　http://tebako.jp

■編集協力者（順不同、敬称略）

佐藤勝利（名古屋芸術大学名誉教授）
鈴木岩雄（名古屋芸術大学教授）
伊藤冴子（元幼稚園長、名古屋芸術大学非常勤講師）
武石協子（たきこ幼児園園長）
金田利子（東京国際福祉専門学校）
一盛久子（名古屋短期大学名誉教授［故人］）
小木美代子（元日本福祉大学教授、あいち・子ども NPO センター理事長）
藤岡貴美子（NPO 市民フォーラム 21 事務局長）
水谷暎子（元保育所長、元日本福祉大学他非常勤講師）
岩根加代子（愛知県 NPO 子どもと文化の森理事長）
森下京子（瑞穂子どもの家園長）
村田尚子（野並保育園副主任）
田中稔子（マリア・モンテッソーリ幼稚園名誉園長）
沢田里美（神島田保育園長）
吉山洋美（名古屋市広小路中央商店街振興組合事務局）
若月靖子（元保育士、林業研究会山口県長門市どんぐりの会会員）
大橋詔子（着物着付け教室助講師）

カバー・本文デザイン＝佐藤健＋六月舎
組版＝ Shima.
日本音楽著作権協会（出）許諾第 1007512-001 号

子ども図鑑
自然とくらしと遊びを楽しむ 12 カ月

2010 年 9 月 30 日　第 1 刷発行
2022 年 8 月 10 日　第 6 刷発行

編著者　近藤 宏＋野原 由利子＋笹瀬 ひと美
発行者　坂上 美樹
発行所　合同出版株式会社
東京都小金井市関野町 1-6-10
郵便番号　184-0001
電話　042（401）2930
振替　00180-9-65422
ホームページ　https://www.godo-shuppan.co.jp/
印刷・製本　株式会社シナノ

■刊行図書リストを無料進呈いたします。
■落丁乱丁の際はお取り換えいたします。

ISBN 978-4-7726-1005-6　NDC 376　257 × 182